机关档案工作系列丛书

归档文件整理规则解读

李明华　主编

中国文史出版社

图书在版编目（CIP）数据

归档文件整理规则解读 / 李明华主编. -- 北京：
中国文史出版社, 2022.5 (2022.6重印)
ISBN 978-7-5034-6946-6

Ⅰ. ①归… Ⅱ. ①李… Ⅲ. ①档案整理—研究 Ⅳ. ①G272

中国版本图书馆CIP数据核字(2022)第094784号

责任编辑： 詹红旗　　戴小璇

出版发行：**中国文史出版社**
社　　址：北京市海淀区西八里庄 69 号院　　邮编：100142
电　　话：010－81136606　81136602　81136603（发行部）
传　　真：010－81136655
印　　装：廊坊市海涛印刷有限公司
经　　销：全国新华书店
开　　本：16
印　　张：11.25　　　字数：190 千字
版　　次：2016 年 5 月北京第 1 版
印　　次：2025 年 3 月第 5 次印刷
定　　价：39.00 元

《归档文件整理规则解读》
编写委员会

主　　编：李明华

执行主编：王绍忠

副 主 编：许卿卿　朱　煜　刘瑷民　杨来青

撰　　稿：丁德胜　邹　杰　张　红　张会琴

吴惠敏

出版说明

机关档案作为机关人、财、物、事的真实记录，是国家档案资源体系建设的主体内容之一，在领导决策、机关治理、工作查考和维护单位、职工合法权益等方面发挥着不可替代的重要作用。机关档案工作作为机关各项工作的基础和重要一环，是机关提升行政效能、提高管理水平的必要条件，是进行信息公开、提高行政透明度的基本要求，也是完善自我监督、推行依法行政的重要保障。在新形势下，机关档案工作处在新的重要节点上，面临着重新定位、转型升级的压力，面临着从传统时代到信息时代的跨越。为应对新挑战，推动档案工作实现新进展，为档案工作者从事机关档案工作提供操作指引，国家档案局组织编写了机关档案工作系列丛书。

《归档文件整理规则解读》是系列丛书之一。该书以新修订的国家档案行业标准《归档文件整理规则》（DA/T 22－2015）为基础，介绍了标准的修订情况，并对归档文件的整理原则、程序和要求等进行了详细说明，方便各级机关、团体、企事业单位和其他社会组织理解新规则并对照执行。由于时间仓促，《归档文件整理规则解读》难免会有疏漏和不完善之处，请各使用单位或个人及时提出宝贵意见。

本丛书在编制过程中，得到了有关省、市、部门档案工作者的大力支持，提出了许多建设性的建议或意见，在此表示诚挚的感谢！

《归档文件整理规则解读》编写委员会

2016 年 3 月

目 录

附　录

第一章　概　述

第一节 修订的背景及过程

一、修订背景

《归档文件整理规则》（以下简称《规则》）是规范归档文件整理流程和要求的行业标准。《规则》从1997年初开始制定，2000年12月6日由国家档案局发布，2001年1月1日起正式执行。《规则》从当时我国机关档案工作的现状出发，在借鉴传统立卷方式合理做法的基础上，对归档文件整理的原则和具体要求作出了规定，确立了以件为单位进行文件整理的方式。制定并推行《规则》，是我国机关档案工作改革的一项重要举措，对推动立卷改革和提高档案管理水平意义重大。对机关来说，按件整理归档文件，能够提高机关工作效率，节省机关财力物力，减轻机关档案人员工作压力，规范机关档案工作；对于档案馆来说，有利于控制进馆档案质量，方便向社会开放和提供利用。同时，由于按件整理归档文件更加符合信息化条件下文件运行规律，方便运用计算机管理档案，有利于实现机关文档一体化管理。

近些年来，随着档案工作的深入发展和信息化技术的日益普及，该标准在实际应用中遇到一些新情况、新问题。主要表现在：

1. 电子文件整理问题。《规则》在制定时以纸质归档文件材料为主要规范对象，并没有特别考虑电子文件（本书主要指文书类电子文件和其他可以参照文书类电子文件进行整理的电子文件，下同）的整理要求。随着电子文件的大量出现，归档电子文件的整理能否适用规则、如何适用规则成为归档文件整理的新问题。比如如何确定归档电子文件整理流程、归档电子文件是否设置归档章、归档文件目录项目如何调整才能更有利于对数据进行管理等问题，都需要加以规范。

2. 档号编制问题。《规则》确立了以件为单位进行文件整理的新方法，但未规定档号的编制要求，不少档案部门或人员在实际工作中各行其是，造成档号编制不统一、不规范。有的以件号充作档号，有的任意规定档号结构、代码和编码长度，给档案规范化管理带来一定的隐患，也不利于纸质文件整理向电子文件整理的转变。特别是由于各地区、各部门的档号编制方法不一致，给档案进馆、信息化管理和信息资源开发造成不便，影响了在更大范围内对档案资源的有效整合。

3. 装订问题。装订问题是《规则》的遗留问题，也是标准实施以来反映最为集中的问题之一。《规则》未明确规定装订方式和要求，因而各地区、各部门在装订方式选择和装订方法上五花八门，甚至同一单位也存在多种装订方式，有些还明显与档案保管要求相悖，增加了档案安全隐患和管理难度，提高了管理成本。

4. 页码编制问题。《规则》没有对页码编制提出明确要求。在标准实施过程中，有单位认为应遵从“简化整理”的原则，省略页码编制环节。也有单位认为，不编制页码会在档案利用、移交等环节中大幅增加工作量，甚至会给档案安全带来隐患。尤其在纸质档案数字化过程中普遍需要编制页码的情况下，应重视并规范页码编制工作，避免出现页码编制要求不一、书写位置多种多样等情况。

5. 归档文件目录项目设置及填写问题。在标准适用过程中，不少单位建议对归档文件目录项目进行调整，比如增加密级项目，将责任者与文号位置对调等等。在实践中，已经有部分单位进行了调整，但因为认识不统一，具体做法上也五花八门。而且，《规则》对需要填写的项目规定不够确切、详细，比较常见的问题是责任者填写不规范，有简称、全称，也有拼音缩写，不利于档案的统一管理和查询。在题名填写中也存在人事任免、例行会议等文件题名填写不详细，导致无法检索利用的情况。

除此以外，还有诸如是否在归档文件上标注盒号、档案盒内是否放置归档文件目录等问题。这些问题，不但影响归档文件整理工作的开展，也给档案部门行使监督指导职能带来了诸多不便。

为解决上述问题，国家档案局档案馆（室）业务指导司 2013 年启动了《规则》的修订工作，旨在解决《规则》适用中出现的长期悬而未决的问题，同时统筹考虑纸质文件材料和电子文件的整理，明确归档电子文件整理要求，为电子档案的规范管理打下基础。

二、修订过程

2013 年，通过向全国各省、自治区、直辖市，中央和国家机关征求修改意见，确定了标准修订方向，形成《规则》修订草稿，报标委会立项。根据《国家档案局关于下达 2013—2014 年度档案行业标准制修订项目计划的通知》要求，《规则》的修订工作列入 2013—2014 年度档案行业标准制修订项目计划。标准修订工作由国家档案局档案馆（室）业务指导司承担。

2014年5月，国家档案局档案馆（室）业务指导司成立由档案馆（室）业务指导司、办公室、保管部、信息管理中心相关人员组成的标准起草工作组，着手标准的修订工作。

2014年9月，标准起草工作组召开工作会议，根据已征求的修改意见开展标准的修订工作，形成标准征求意见稿，并向各地区、各部门征求意见。

2014年10月，汇总全国各省、自治区、直辖市，中央和国家机关、中央企业意见631项，采纳213项，部分采纳103项，形成标准送审稿。

2014年10月29日，全国档案工作标准化技术委员会在北京组织国家档案局中央档案馆、中国档案学会、国土资源部、国家海洋局、中国科学院、国家核电技术有限公司等单位专家对送审稿进行评审，评审会专家一致通过标准送审稿的审查。标准起草工作组针对评审会专家提出的审查意见对标准送审稿进一步完善，提交全国档案工作标准化技术委员会审议。

2014年11月19日—20日，全国档案工作标准化技术委员会第二十二次年会暨第六届换届会议审议通过标准送审稿。标准起草工作组按照会议专家意见修改完善后形成标准报批稿，报国家档案局批准。

2015年10月，国家档案局批准档案行业标准《归档文件整理规则》（DA/T 22 - 2015），并于2015年10月25日发布，2016年6月1日实施。

第二节 修订思路

《规则》是规范文件材料整理的基础性标准，涉及面广，影响深远。推行10多年来，经过各地区、各部门的积极实践，《规则》遵循的基本理念、确定的基本方法被证明是合理有效的。标准的修订正是在充分尊重这些基本理念和基本方法的基础上，针对实践中出现的问题积极、审慎的展开。

一、遵循文件形成规律，尊重原有合理的整理方法

遵循文件形成规律是《规则》确立的一项重要的整理原则。同传统立卷方法相比，归档文件整理更加注重与文书处理工作的衔接，通过确定“件”为整理单位并简化整理措施，使文件整理成为文件形成后的自然延续过程，符合纸质文件材料的形成规律。《规则》修订后不仅要符合纸质文件材料的形成规律，也要符合办公自动化条件下电子文件的形成规律。同时，《规则》在借鉴传统立卷方法基础上，确定的件的组成、排列、编号、编目等基本整理方法，经过十多年的适用证明是合理可行的。充分尊重这些基本整理方法，既是实践得出的结论，也是新旧标准前后衔接的需要，因而必须予以积极继承和发扬。

二、坚持“简化整理、深化检索”理念

“简化整理、深化检索”是《规则》的精髓，也是立卷改革成功推行的重要原因。《规则》确定的免除组卷、取消案卷目录、不拟写案卷题名等简化整理措施，既大大减轻了文书、业务和档案部门的工作量，又最大限度减少了个人对文件材料整理的人工干预，有效提升了文件整理质量。《规则》的修订继续秉持“简化整理、深化检索”的理念，在整理上以不增加不必要的手工劳动为原则，在检索上以适应信息条件下的归档文件信息管理和利用的新需求为目标，在丰富和完善归档文件管理信息、拓宽检索途径、更加高效便捷提供档案利用方面进行了新拓展。

三、符合现行文件、档案管理体制机制

1983年，中央办公厅、国务院办公厅印发《机关档案工作条例》（厅发

〔1983〕64号)，规定机关工作活动中形成的具有保存价值的文件材料均由机关文书部门或业务部门进行整理、立卷，并定期向档案部门归档，机关档案部门对文书部门或业务部门的归档工作进行指导和监督（见第三条、第十一条)。《机关档案工作条例》明确了档案部门与文书、业务部门的职责分工，确定文件材料的整理职责由文书、业务部门承担，文件材料整理成为文书、业务部门的一项常规性、即时性工作。《规则》的制度设计、内容要求均以此为依据展开，并通过简化整理等有效手段使档案部门一直强调的文书、业务部门整理归档制度得到巩固。《规则》的修订同样充分考虑了当下文件、档案管理职责分工和人员数量等实际情况，标准条文设置和要求力求与文件、档案管理体制机制相协调，避免出现因整理要求不科学、过于复杂导致文书、业务部门平时无法整理或难以操作，进馆前集中突击等现象，干扰现行文件、档案管理体制机制，进而影响档案资源建设。

第三节　修订内容

在形式上，《规则》的修订主要是按照《标准化工作导则　第 1 部分：标准的结构和编写》（GB/T 1.1－2009）对标准的总体编排和结构进行了调整；在内容上，《规则》的修订主要围绕将电子文件整理纳入适用范围、增加档号内容、明确装订要求、优化整理流程等重点工作展开，同时对件号、归档章、页码等在具体工作中遇到的问题提出相应解决方案，力争使修订后的《规则》更加符合归档文件整理实际、符合档案管理现代化的要求，推动归档文件整理工作的进一步规范和完善。

一、按照标准化工作导则进行全面调整

《标准化工作导则　第 1 部分：标准的结构和编写》是支撑标准制修订工作的基础性国家标准，是编制标准的“标准”。为使《规则》符合标准编制要求，标准修订时增加了封面、前言和规范性引用文件，并按照标准化工作导则规定对《规则》标准的结构和内容进行了全面调整。

二、扩大适用范围，将电子文件整理纳入其中

将电子文件整理纳入适用范围是《规则》修订的原动力之一。在电子文件管理实践中，由于相应的整理方法和要求不够明确，电子文件整理内容、质量参差不齐，有些甚至需要由档案馆进一步整理，违背了电子文件真实性、完整性、可用性和安全性原则，因而制定适合电子文件整理的标准势在必行。实际上，由于《规则》基本上以“自然件”为单位进行整理，符合电子文件的运行规律，因而《规则》中的整理原则和部分整理方法同样可以用于电子文件整理，这就使得将《规则》的适用范围扩展为纸质文件材料和电子文件成为可能。《规则》的修订就是“求同存异”，在原有纸质文件材料整理要求的基础上，尽量将纸质文件材料和电子文件的整理统一起来，同时把纸质文件材料和电子文件独有的整理要求单独列出，做到总分结合、条理清晰。

三、增加档号编制要求

档号是在文件整理过程中赋予的，体现整理规则并包含归档文件类别、排列顺序等要素的一组数字、字符的集合，是归档文件的“身份证”。编制档号是对档案进行规范管理的基本要求，也是对不同类型档案进行统一管理的重要前提。在以件为单位进行档案管理的情况下，为归档文件确定唯一、合理的档号既便于接收、利用、统计、检索等，又能够在纸质文件材料、电子文件、照片、录音、录像之间建立联系，为今后进行全方位、多途径、高效率的档案资源开发奠定基础。原《规则》没有涉及档号内容，《档号编制规则》（DA/T 13－94）也一直未配合《规则》进行修订，因而归档文件材料的档号成为原《规则》的一个盲点，在实践中出现了将件号与档号相混淆、甚至不使用档号的情况，给《规则》的执行和档案的规范管理造成很大的困扰。

在《规则》修订中增加档号编制要求，是落实深化检索的一项重要措施。增加的档号内容包括档号编制原则、档号结构和编制方法。具体来说，档号编制遵循《档号编制规则》中确定的唯一性、合理性、稳定性、扩充性、简单性原则，使用全宗号、档案门类代码、年度、保管期限、机构（问题）代码、件号等要素及统一的结构构建档号。档号结构考虑了纸质文件材料与电子文件的共性，还做到两个衔接，即：一是与传统立卷方法整理的档案的档号相衔接；二是与照片、录音、录像等其他形式档案的档号相衔接。

四、明确装订要求

装订限于纸质文件材料，其意义在于：一是以件为单位固定整理对象，区分不同的归档文件；二是保障档案安全，避免因工作失误或违法违纪行为造成档案损失；三是方便管理，减轻管理负担，降低在档案接收、利用等管理时的工作量。由于原《规则》未规定装订内容，实践中各地区、各部门装订材料各异，装订方式五花八门，不利于档案馆的统一管理和管理成本控制。同时，由于无据可依，还存在某些装订材料、装订方式不符合档案保管要求的情况，给档案安全带来了潜在风险。

目前，使用较多的装订方式主要有线装法（“三孔一线”装订、直角装订、缝纫机轧边装订）、变形材料装订法（不锈钢订书钉装订、不锈钢夹装订）、粘接法（浆糊装订）、封套法（封套装订）四类，另外还有燕尾夹、办公胶水、装订夹条、塑料封等可能对归档文件造成损害或者固定效果不佳的装订方式。《规则》修订时增加了装订内容，包含装订方式、装订方法和装订材质要求三个方面。对于装订方式的选择，主要结合装订效果（牢固度、操作难易程度）、是否利于档案保护（装订材质影响、是否方便还原、装订破坏情况）、是否利于档案管理（空间占用大小、是否简便管理）三方面因素综合确定。鉴于不同保管期限文件材料重点考虑的因素不尽相同，《规则》修订时为不同保管期限的文件材料确定了相应的装订方式和要求。

五、优化整理流程，细化操作指引

原《规则》规定的整理方法，以装订、分类、排列、编号、编目、装盒的顺序展开，与纸质文件材料整理的工作流程基本一致。《规则》修订时在原流程的基础上，增加“组件”（或称为件的组织，包括件的构成、件内文件排序等内容，原流程中的装订步骤不足以涵盖）步骤，与分类、排列、编号、编目一起，作为同时适应纸质文件材料和电子文件的主干整理流程。原流程中的装订、装盒与新增加的修整、排架等内容作为纸质文件材料特有的整理步骤。对于电子文件在基本整理流程之外的整理步骤，由于存在其他标准规范，标准在修订时只将整理步骤作为逻辑存在，没有展开。

归档文件整理涉及大量操作性内容，详细、明确的操作指引对于标准适用非常关键。原《规则》中操作指引不够详细，既不利于使用者掌握使用，也不利于文件整理标准的统一。这从各地区、各部门形式多样的归档章填写方式上就可见一斑。为增强标准的易用性，《规则》修订时增加或细化了修整、装订、排架等各步骤的操作指南，详细规定归档章、归档文件目录中各项目的填写要求与方法，并以图示方式予以示范，使《规则》内容更加容易理解和使用。

六、统一室编件号、馆编件号

为方便档案馆管理，原《规则》同时设置了室编件号和馆编件号。馆编件号设置的初衷是防止移交进馆的档案因鉴定、整理时抽出、补入等出现断号、跳号现象。实践中，不少部门采取了补入档案放在年度最末，抽出档案则在备考表上予以注明的方法，使得馆编件号存在的必要性大为降低。事实上，编制馆编件号存在显而易见的弊端：一是件号作为档号的组成部分，保证其唯一性、稳定性是至关重要的，分设室编件号和馆编件号显然与此要求相悖；二是馆编件号要求在进馆时编制，无法在日常工作中完成，这与文书、业务部门整理归档制度不符，而且由于室编件号最终会被弃用，一方面造成重复劳动，另一方面也难以保证填写质量，影响机关档案工作开展；三是在文件整理比较规范的情况下，编制馆编件号意义不大：不分机构（问题）进行文件整理的，馆编件号与室编件号相同；分机构（问题）进行文件整理的，机构（问题）与室编件号相配合，同样可以实现唯一性要求。四是同一件档案存在两个不同件号，容易引起认知和管理混乱，给档案管理增加不必要的麻烦。《规则》修订将室编件号和馆编件号合二为一，统一为件号。

七、调整归档章和编目项目

归档章是纸质文件材料归档的标志，体现了归档文件整理的核心成果，本质上就是“档号章”。在文件材料上加盖归档章，是为了注明档号、标记档案、方便管理，因而归档章应该以档号构成项目为基准设置项目，不添加不必要的项目，以免违背简化整理、尽量减少手工劳动的宗旨。同时，在归档章设计上也应尽量简洁，避免因占用面积过大喧宾夺主。鉴于原《规则》归档章的设计基本符合上述要求，《规则》的修订充分考虑延续性，维持原六格章样式不变，全宗号、年度、机构或问题、保管期限四个项目在归档章的位置也保持不变，便于新旧整理规则平稳过渡。考虑到室编件号和馆编件号合二为一，把室编件号改为件号，同时去掉馆编件号，空出位置设置页数项，以方便对归档文件页数进行监督查验。在编目项目上，增加序号、档号、密级项目，去掉件号；调整文号与责任者位置，使责任者联接题名，便于阅读。

八、增加页码编制要求

为简化纸质文件材料整理，原《规则》规定在编制归档文件目录时填写页数，但没有编制页码的要求。客观上，取消页码编制、只填写页数的做法节省了一定的工作量，但由于归档文件大多存在文件处理单、发文稿纸等其他件内文件，不统一编制页码可能会影响到档案齐全、完整，给档案安全带来隐患。而且，由于填写页数时存在计算过程，很容易出错，查验时也需要重新计算，给档案管理带来不便。事实上，页码与页数是一对共生关系，单靠其一难以实现对档案的统计监督作用，传统立卷方法就是通过在卷内最后一份文书材料上标注起止页号的方法实现页码与页数的结合。在实践中，编制页码已经成为纸质文件材料数字化时的一项必备工作，管理效果也比较好。由此，《规则》的修订从档案安全、方便管理的角度出发，保留填写页数的做法，增加了页码编制要求。同时，考虑到一些不便编制页码的情况，《规则》对页码编制要求也做了灵活处理，规定文件材料已印制成册并编有页码的；拟编制页码与文件原有页码相同的，可以保持原有页码不变。

第四节　术语和定义

《归档文件整理规则》（DA/T 22－2015）列出的术语和定义有：归档文件、整理、件和档号。除此以外，《档案工作基本术语》（DA/T 1－2000）规定的术语和定义同样适用于本《规则》。

1. 归档文件

《规则》对“归档文件”这一概念的使用和限制，具有专指性的意义，其概括为“立档单位在其职能活动中形成的、办理完毕、应作为文书档案保存的文件材料，包括纸质和电子文件材料。”其中，“办理完毕”，是指文件相应的文书处理程序已经完成，而不论文件本身在实际工作中是否还在发挥作用。例如请示与批复，在复文发出或收到以后，在文书处理程序上就算办理完毕。同原《规则》相比，修订后的《规则》不再特别强调归档文件为纸质形式，将“纸质文件材料”扩展为“文件材料”。

2. 整理

整理是指将归档文件以件为单位进行组件、分类、排列、编号、编目等（纸质归档文件还包括修整、装订、编页、装盒、排架；电子文件还包括格式转换、元数据收集、归档数据包组织、存储等），使之有序化的过程。

这个概念明确了“以件为单位”的基本原则，概括地揭示了整理工作的各项具体内容或基本环节。这里所说的“整理”属于狭义上的整理，内容限于组件、分类、排列、编号、编目等（纸质归档文件还包括修整、装订、编页、装盒、排架；电子文件还包括格式转换、元数据收集、归档数据包组织、存储等）技术工作。整理工作的目的，是使归档文件完成从无序到有序的转化。

3. 件

件是归档文件的整理单位，即进行归档文件整理的基本单位。在归档文件整理过程中，以件为单位进行整理，其主要表现是以件为单位进行装订和编目。也就是说，在归档文件整理中，件是进行装订或编目的基本单位，每件归档文件需要独立装订，独立编目，不能出现几件归档文件装订在一起或几件归档文件只编制一条目录的情况。除作为整理单位外，在以件为单位进行档案管理时，件同时也是保管、提供利用和进行管理的基本单位。

为满足归档文件管理的需要，在特殊情况下也可以使用子件概念。一般来说，子件指的是组成件的各个自然件，多用于来文与复文为一件的情况。子件与子件之间自然分割，相对独立。就电子文件来说，子件是用于标识、区别构成一件电子文件的独立的比特流。

4. 档号

档号是在归档文件整理过程中赋予其的一组字符代码，以体现归档文件的类别和排列顺序。档号体现档案的基本属性，是对档案进行管理的基础。《规则》推荐档号的结构为：全宗号 - 档案门类代码 · 年度 - 保管期限 - 机构（问题）代码 - 件号。

档号上、下位代码之间用“ - ”连接，同一级代码之间用“ · ”隔开。如“Z109 - WS · 2011 - Y - BGS - 0001”。

使用子件号时，档号结构为：全宗号 - 档案门类代码 · 年度 - 保管期限 - 机构（问题）代码 - 件号 · 子件号。如“Z109 - WS · 2011 - Y - BGS - 0001 · 001”。

第二章　整理前的准备工作

第一节　文件材料的收集

文件材料的收集是机关档案工作的源头工作，也是开展其他档案工作的基础。机关归档文件材料的来源广泛，既有上级、下级和平行机关的往来文件，也有机关内部工作形成的各类文件，加之文书处理工作也比较复杂，往往会出现归档文件收集不齐全、不完整等问题，不仅给文件归档和档案管理工作带来负面影响，也不利于维护机关工作的历史真实面貌。为了便于管理和提供利用，维护历史文化财富的完整和安全，国家规定一个单位形成的归档文件实行集中统一管理，即归档文件按照年度统一整理归档，由本单位集中管理，其中有长久保存价值的移交给档案馆保存。

一、收集要求

文件材料收集的基本要求是齐全完整、真实可靠和及时有效。齐全完整，是指收集归档的文件材料能够全面地、系统地反映本单位的工作面貌，通过立档单位的全部档案，能够完整地记录该单位的工作历史；真实可靠，是指收集归档的文件是本单位工作中的原始记录材料，能够真实地记录本单位的工作历史，有效维护各方面的合法权益；及时有效，是指能够按照统一的时间规定，将纳入归档范围的文件材料完整收集、规范整理和及时归档。

对机关来说，做好文件材料的收集工作至关重要。收集不齐全、不及时都会给归档整理、档案利用等后续工作带来根本性影响。比如，围绕一项工作形成的文件材料收集不齐全，那么归档整理的档案就不完整，反映这项工作开始、发展、结束过程的档案就不系统，难以反映整个工作的全貌和基本脉络，档案利用也难以得到真实、准确、可靠的结果。收集不及时则容易形成零散文件，要把零散文件归到已整理好的档案中，需要重新编制档号、调整归档文件目录，甚至还可能割裂文件之间的关系，影响归档文件整理质量和利用。

进行文件材料的收集，一要尊重全宗原则。一个机关形成的档案，具有内在的联系，是一个有机整体，应作为一个全宗完整保存起来。保持全宗的不可分散，是档案管理的一条基本原则。只有从收集工作开始就坚持全宗不可分散，才能从根本上保障归档文件的齐全完整，为后续工作环节的开展创造条件。因此，在收集文件材料时，首先要将一个立档单位的全部归档文件作为一个全宗集中保存，保持归档文件内容的完整性和连续性。二要严格执行机关文件材料归档范围的规定，依照本单位文件材料归档范围开展归档文件收集工作，具体落实相关部门、岗位的归档责任。三要遵循文件生命周期规律，遵从文书处理特别是文件归档制度要求，确定适当的归档策略。文件材料的收集工作必须掌握应收集的文件材料分布、运转和管理情况，既要及时收集，避免散失，又要防止把尚未办理完毕的文件材料过早地集中起来。纸质归档文件的收集，原则上应在形成次年初完成，对已经办结的文件，亦可随办随归；电子文件一般随办随归，及时整理归档。四是要严格遵循相关标准或规范，确保归档文件材料的标准化。要依照国家、地方或专业主管机关制定的相关标准或规范，比如《党政机关公文处理工作条例》（中办发〔2012〕14 号）、《党政机关公文格式》（GB/T 9704 - 2012）等，从文件材料形成起即对文件材料实行标准化管理，确保归档文件材料的标准化和规范化。

二、收集方法

各单位做好文件材料的收集工作，除认真执行《机关文件材料归档范围和文书档案保管期限规定》（国家档案局令第 8 号）等有关规章制度外，还应结合本单位的情况，制定更具体、更完善的收集归档制度，使收集范围合规可行，归档方法和要求明确，便于遵照执行。要将机关的收集归档工作纳入文书、业务部门的职责范围，从组织上保证文件材料的收集工作。另外，要制定归档文件鉴定制度，保证严格按照鉴定原则和档案保管期限规定，审慎负责地鉴定文件材料，避免因鉴定失误造成文件材料未归、错归。

1. 明确归档文件材料的收集范围

国家档案局令第 8 号规定，机关文件材料是指机关在其工作活动过程中形成的各种门类和载体的历史记录。这一定义涵盖了不同形式和不同种类的文件材料。不仅包括文书材料，也包括了非文书材料，比如人事、会计、科技、专业等材料；不仅包括了纸质文件材料，也包括非纸质文件材料，比如照片、录音、录像等；不仅包括传统载体形式，还包括新型载体形式，比如电子文件等。所谓收集齐全完整，体现在两个层面上，一是机关各门类、各种载体文件材料收集齐全完整，既要重视机关文书类文件材料的收集，同时也应重视其他门类文件材料的收集，既要重视纸质载体文件的收集，也要重视特殊载体文件的收集；二是将各类文件材料的组成要件收集齐全完整，一件归档文件可能由多个件内文件组成，收集时不能漏掉一份件内文件，否则就不能全面反映工作的历史真实面貌，产生归档不齐全的问题。

2. 建立、完善收集归档工作机制

一是做好平时文件材料的收集积累工作。要遵循“谁主办、谁归档，谁承办、谁归档”的原则。文件办理完毕后，应及时收集归档，不应留在主办、承办人手中。收集工作应体现“随办随归”的指导思想，特别是在办公自动化的条件下，一部分办理完毕的文件有条件实现即时归档。这一做法既能够实现文书处理、业务工作与文件归档工作的有序衔接，提高工作效率，又有助于对归档文件实行集中统一管理，防止文件散失。

二是做好年终集中归档工作。除做好平时收集外，在年度结束后应开展系统的清理核实工作，对应归档的文件进行全面的检查梳理，防止积存和散失。年终集中检查梳理归档文件可采取以下方法：依据本机关文件材料归档范围和收发文簿进行对照检查，查找漏归文件；对本年度机关工作的重要业务工作和基础管理工作进行梳理，组织承办部门开展文件的收集工作；对本机关临时工作进行梳理，将具有保存价值的文件纳入归档范围。

三是做好归档文件收集归档的监督指导。在实践中，承担归档任务的文书和业务部门工作人员大多数是兼职档案人员，往往缺乏系统的档案专业知识和长期工作经验积累，同时也难以占用太多精力开展归档工作。因此，机关档案部门要对各部门兼职档案人员开展有针对性的业务监督指导，使其明确收集归档责任和任务，熟悉工作标准和要求，具备完成工作的业务技能。

四是建立收集归档工作奖惩制度。档案部门要对各工作部门的收集归档工作进行检查，对归档不全的部门要责成整改，对不按规定时间完成收集归档任务的部门进行通报，对收集归档工作做得好的部门要给予表彰，营造收集归档工作的良好氛围。

3. 把握好十类文件材料的收集工作

（1）“红头文件”，如规定、条例、办法、决定、指示、通知、报告、函、批复、批转文件等；

（2）“白头文件”，如会议文件、经验介绍、调查报告、通知等；

（3）公布性文件，如公告、通告、布告等；

（4）内部使用文件，如会议记录、规章制度、计划、总结、登记表、统计表等；

（5）记载性文件，如大事记、工作日志、组织沿革等；

（6）报道性文件；

（7）契约性文件，如协议、合同、意向书等；

（8）证明性文件，如介绍信存根、组织关系存根等；

（9）照片、音像、实物；

（10）电子文件，包括与上述文件材料相对应的电子文件以及其他各类电子文件等。

第二节　文件材料的价值鉴定

文件材料的价值鉴定包括两个阶段。第一阶段，在机关文件归档时，对文件能否转化为归档文件进行审查，确定其是否属于归档的范围，同时剔除没有保存价值的文件材料。归档的过程，是对文件选择的过程，说到底是看该文件是否有保存价值。因此，归档范围的确定实际上是对文件价值的初步判定，是档案鉴定工作的第一关口。第二阶段对进入归档范围的文件材料，根据其在日后保存过程中可能产生的不同作用提出应保存的年限。划分保管期限是对文件价值的进一步判定，是决定档案命运的关键所在。

一、鉴定的原则和标准

按照归档文件整理的原则要求，纳入归档范围的文件材料，必须区分不同价值。因此，正确地判定文件材料的价值，准确地划分保管期限，是保证归档文件整理质量的重要因素。

根据归档范围集中起来的文件材料，都具有保存价值。文件的保存价值和保管期限成正比。保存价值大，保管期限就长；反之，保管期限就短。归档文件的价值鉴定是对文件特性进行分析的过程，它决定着哪些文件材料可以转化为归档文件保存，保存期限又是多久。

1. 鉴定的原则

要根据本机关工作和为国家积累历史文化财富的需要，用历史的、全面的、发展的、效益的观点，正确分析和鉴别保存价值，准确划分保管期限。

（1）历史的观点。归档文件是人类从事实践活动的产物，其内容、形式是与其形成的历史条件密切联系的。分析归档文件的价值，必须将其放在特定的形成条件中去，具体分析归档文件的内容和形式，考察归档文件形成的背景和作用，分析归档文件之间的相互关系、特定作用，并结合当前和将来的利用需求来考虑其保存价值。因此，开展鉴定工作，既要考虑归档文件的内容特性，又要考虑其形成特点和实际作用；既要考虑归档文件的现实价值，又要考虑其今后的价值；既要考虑本机关归档文件的价值，又要考虑上级文件、平行机关文件、下级文件的价值，以全面把握归档文件形成的过程，完整准确地揭示归档文件的价值。历史的观点还应包括从历史研究的角度分析归档文件的价值，充分考虑归档文件在记录和研究机关史、地方史、经济史、文化史、专业史、社会生产史等方面的历史价值。

（2）全面的观点。一方面，要全面分析归档文件各方面的特征，从其来源、内容、形成时间、文本、载体形式等方面综合判定归档文件的价值；另一方面，要全面地把握被鉴定归档文件与其他归档文件的联系，不能孤立地判断单份文件的价值，而应将有关文件材料联系起来，以准确地做出判断；再一方面，要从国家和社会的角度全面地判断归档文件的利用价值。社会对档案的利用是多层次、多角度、多方面的。在鉴定归档文件的价值时，既要考虑单份归档文件的价值，又要考虑该文件在本机关档案记录体系中的作用；既要考虑本机关的需要，也要考虑国家和社会的需要。总之，要全面地分析归档文件的价值，切忌仅从本机关、本部门或仅从某一点需要出发，轻易地确定归档文件的价值及其保管期限。

（3）发展的观点。由于归档文件的价值具有时效性和潜在性的特点，现在有用的归档文件随着时间的推移，将来可能没有价值；现在价值尚未显现的归档文件，将来可能有一定的社会价值。因此，判断归档文件的价值和作用，要运用辩证唯物主义和历史唯物主义的观点和方法，用发展的眼光分析其价值，既要看到当前的作用，也要看到将来的作用，以充分估计归档文件在未来的政治、经济、文化、科学等各方面的作用。

（4）效益的观点。所谓效益的观点是指在分析归档文件价值时，要考虑到收益与付出的关系。归档文件收集范围过于宽泛，不仅会加大机关和档案馆的管理成本，也会给档案利用带来诸如检索时间长、查准率低等问题，甚至可能误导档案利用人员得出不符合历史真实面貌的研究结论。在鉴定工作中，应摒弃不计成本、多多益善的观点和怕担责任、盲目提升保管期限的做法，通过鉴定将那些在政治、经济、军事、科学、文化等方面具有较高利用价值的档案保存下来，以降低档案管理和利用的成本，提升档案工作的社会效益。

2. 鉴定的标准

归档文件的价值是客观存在的，但由于认识能力不尽相同，人们对归档文件价值的判定难免带有主观性和片面性。为了使人们的主观活动最大限度地符合实际，保证鉴定工作的质量，必须建立明确的档案价值鉴定标准，以提高档案鉴定结论的客观性、可靠性和准确性。

（1）职能标准。职能标准既是指按立档单位所在党或政府及其他系统的地位和重要程度来决定其归档文件的价值，又指应根据本单位的主要业务职能确定归档文件的价值。级别较高的机关与一般机关，核心部门与其他部门形成的文件，其价值应有所不同。一般情况下，机关级别越高，其形成的档案越重要；部门越核心，其形成的档案越重要。在确定档案的保管期限时，对于不同级别的机关，不同重要程度的部门，永久档案所占比例应有所不同。另一方面，机关档案部门应尽可能保存对其职能起凭证、评价作用的文件材料，以及能够证明单位的存在、发展和历史作用的文件材料，也就是反映本机关主要职能及基本历史面貌的文件材料。

（2）来源标准。来源标准是要体现档案形成者的社会价值。对一个立档单位而言，其履行社会职能所产生的归档文件，具有独特的社会价值，这一价值是其他单位难以替代的。因此，在判定归档文件价值时，应“以我为主”，将本机关及本系统形成的重要文件材料列为归档范围和长久保存的重点。在鉴定其他单位文件的价值时，也应充分考虑其与本单位的工作关系，将具有重要关系和直接联系的文件，列入归档范围并确定相应的保管期限。

（3）内容标准。内容标准是判定归档文件价值的核心要素。通过分析文件内容的重要程度、社会作用和适用范围，就可以对归档文件的价值作出基本的判断。分析文件内容，要看它的重要程度如何，是方针政策性的，还是贯彻实施性的；是重大问题的，还是一般行政事务的；是主要职能的，还是非主要职能的；是反映全面和全局工作的，还是反映局部工作的；是有针对性的，还是普发性的；是有效时间内的，还是失去时效的；是典型的，还是一般的。同时还应重视本单位基础数据、调查资料、专题材料的价值，对记录各方合法权益的文件材料，应从维护权益的角度考虑其保管期限。

（4）形式特征标准。形式特征标准是指文件的名称、文本、外形特征等。文件的名称不同，作用不同，价值也就不同。一般来说，“法”、“命令”、“决定”因其特定的作用就决定它的价值高于“规定”、“批复”和“函”。文本是指文件的正本、定稿、修改稿、草稿等。由于作用不同，其保存价值也就不同。草稿、修改稿是未定稿，不具有法律效力，因此一般没必要保存，只有在个别情况下列入归档范围。比如有重要领导人直接修改和批示，或者是重要文件的修改稿等。外形特征除外在特征外，还包括载体形式。外形特征不同，价值也可能不同。一般来说，具备正式文件特征的文件要比非正式文件价值要高。不过，对于工作活动中产生的、反映机关主要职能活动和基本历史面貌的非正式文件，以及一些重要的照片、音像材料、领导人题词以及奖旗、证书实物等，也应充分肯定其归档价值。

二、归档和不归档的范围

归档范围，就是归档文件整理的范围。确定归档的范围，是整理工作首先要解决的实际问题。机关在工作活动中形成和使用的文件材料数量很多，在这些文件材料中，有本机关制发的，也有上级、同级和下级机关制发的；有主送的，也有抄送的；有重要法规性的，也有一般事务性的；有单份的，也有重份的；有长期效用的，也有短期效用的等等。在整理时，不是所有的文件材料都需要归档，而是要正确分析，区别对待。在确定机关文材料的归档范围时，既要保证该归档的文件材料收集齐全，完整归档，防止“有档不归”；又要注意不该归档的文件材料不能归档，防止“有文必档”。对于不属于归档范围的文件材料，可由文件的产生部门自行保存一二年后按有关规定销毁。

为了完整、系统地保存本机关在工作活动中形成的、具有保存价值的各种门类和各种载体的文件材料，提高归档文件的质量，以适应机关各项工作的需要，为国家积累门类齐全、结构合理的档案资源，国家档案局 2006 年 12 月 18 日发布了《机关文件材料归档范围和文书档案保管期限规定》（国家档案局令第 8 号），对机关文件材料归档范围和文书档案保管期限作出了规定。

1. 机关文件材料归档的范围

（1）反映本机关主要职能活动和基本历史面貌的，对本机关工作、国家建设和历史研究具有利用价值的文件材料；

（2）机关工作活动中形成的在维护国家、集体和公民权益等方面具有凭证价值的文件材料；

（3）本机关需要贯彻执行的上级机关、同级机关的文件材料；下级机关报送的重要文件材料；

（4）其他对本机关工作具有查考价值的文件材料。

国家档案局令第 8 号对机关文件材料归档范围只是作了一个原则上的区分，原因在于机关文件材料涵盖了机关在其工作活动中形成的所有文件材料，文件材料的内容及其载体差异性较大，内容也非常庞杂，详细概括或全部指明机关文件材料的归档范围，在技术处理上确实存在困难。因此，国家档案局只对机关各类文件材料的归档范围作宏观、指导性规定。本着“先易后难，分开处理”的思想，国家档案局令第8号对机关文书材料的归档范围作出了具体要求，对非文书和非纸质载体文件材料的归档范围提供了指引，即“机关形成的人事、基建、会计及其他专门文件材料的归档范围和档案保管期限，按国家有关规定执行”。

国家档案局令第8号关于机关文件材料归档范围的四项原则规定，既是机关判断文件材料是否归档的价值标准，同时又赋予了机关编制本单位文件材料归档范围的自主性和灵活性，便于各机关从实际工作出发，根据本机关具体职能活动，合理开展机关文件材料归档范围的编制工作。

2. 机关文件材料不归档范围

（1）上级机关的文件材料中，普发性不需本机关办理的文件材料，任免、奖惩非本机关工作人员的文件材料，供工作参考的抄件等；

（2）本机关文件材料中的重份文件，无查考利用价值的事务性、临时性文件，一般性文件的历次修改稿、各次校对稿，无特殊保存价值的信封，不需办理的一般性人民来信、电话记录，机关内部互相抄送的文件材料，本机关负责人兼任外单位职务形成的与本机关无关的文件材料，有关工作参考的文件材料；

（3）同级机关的文件材料中，不需贯彻执行的文件材料，不需办理的抄送文件材料；

（4）下级机关的文件材料中，供参阅的简报、情况反映，抄报或越级抄报的文件材料。

需要指出的是，一般文件的历次修改稿、各次校对稿虽不归档，但重要的法律、法规的历次修改稿、有党和国家领导人修改意见和批示、指示的稿本应属机关文件材料归档范围。文件的定稿，包括计算机打印出的定稿，即使定稿上没有机关领导人的签批、审改意见，原则上也应纳入机关文件材料归档范围，与正本文件、文件处理单一并归档。

三、保管期限的划分

按照国家档案局令第8号，机关文书档案的保管期限划分为永久、定期两种。定期一般分为30年、10年。

1. 永久保管的文书档案主要包括：

（1）本机关制定的法规政策性文件材料；

（2）本机关召开重要会议、举办重大活动等形成的主要文件材料；

（3）本机关职能活动中形成的重要业务文件材料；

（4）本机关关于重要问题的请示与上级机关的批复、批示，重要的报告、总结、综合统计报表等；

（5）本机关机构演变、人事任免等文件材料；

（6）本机关房屋买卖、土地征用，重要的合同协议、资产登记等凭证性文件材料；

（7）上级机关制发的属于本机关主管业务的重要文件材料；

（8）同级机关、下级机关关于重要业务问题的来函、请示与本机关的复函、批复等文件材料。

2. 定期保管的文书档案主要包括：

（1）本机关职能活动中形成的一般性业务文件材料；

（2）本机关召开会议、举办活动等形成的一般性文件材料；

（3）本机关人事管理工作形成的一般性文件材料；

（4）本机关一般性事务管理文件材料；

（5）本机关关于一般性问题的请示与上级机关的批复、批示，一般性工作报告、总结、统计报表等；

（6）上级机关制发的属于本机关主管业务的一般性文件材料；

（7）上级机关和同级机关制发的非本机关主管业务但要贯彻执行的文件材料；

（8）同级机关、下级机关关于一般性业务问题的来函、请示与本机关的复函、批复等文件材料；

（9）下级机关报送的年度或年度以上计划、总结、统计、重要专题报告等文件材料。

3. 保管期限的划分应注意的问题

（1）注意文件之间的联系，防止孤立地划分保管期限。归档文件整理前，集中的文件虽然都是单份的，但它们不是孤立的。由于工作需要形成的文件，彼此之间是有联系的。如只有请示没有批复，请示就没有什么保存价值；一个案件，只有检举揭发材料，没有查证核实和结论材料，这个案件的保管期限就不宜划高。因此划分文件材料的保管期限时，要注意文件之间的联系，将密不可分的和有必然逻辑联系的放在一起来判定它的价值。

（2）考察文件的实际内容，防止仅依据形式判定保管期限。档案的保管期限主要取决于文件的内容。从内容上看，如果与本机关主要职能活动有密切联系的，期限就长，反之就短些；起凭证作用、效益长的，价值就高，反之就低。不论是上级、下级还是本机关形成的文件，主要看文件内容的重要程度、作用大小，而不能机械地规定上级文件永久、本级和下级定期。

（3）研究文件的各种作用，防止片面地判定保管期限。2012 年 7 月 1 日起施行的《党政机关公文处理工作条例》规定，党政机关的公文有 15 种，每种文件在其工作活动中起着不同的作用。因此，在划定文件的保管期限时就要认真地考虑文件的作用，以便正确地判定其保管价值。例如，召开一次会议，形成很多作用不同的文件，在划定保管期限时，有的可划为永久，有的可划为定期。一般情况下文件的内容与作用是一致的，但是同一内容的文件，正本与副本、草稿与定稿的作用是不同的，在划定保管期限时不可等同。

（4）考虑文件的长远需要，防止静止地看问题。有些文件现时作用不大，但从长远考虑是有使用价值的，保管期限就要划得长一些。例如，机关事务管理方面的文件，现时作用往往不大，因而容易被人们忽视，但从长远考虑，有关房产所有权和使用权、职工承租或购置本单位住房的合同、协议和有关手续等文件材料涉及机关和职工的切身利益，具有长远意义，就应该列入永久保存。因此，在判定文件材料的保管期限时，一定不要静止地看问题，要考虑文件的长远需要。

第三节　整理工作的组织

归档文件整理工作是公文处理的最后一个环节，也是档案管理工作的开始。这是一项承前启后的工作，直接关系到文件材料归档后的科学管理、安全保管和有效利用。归档文件整理工作涉及到机关形成文件的各个部门，因此必须进行周密的组织和有效的监督，以保证工作优质、高效地完成。归档文件整理工作的组织包括建立健全相关制度、确定责任主体、注重平时积累和及时做好指导、监督和检查。

一、建立健全制度

做好归档文件整理工作，必须制度先行。各机关应当建立健全相关规章制度，将整理工作纳入有关部门和人员的岗位责任。这些规章制度包括文件材料整理及归档办法、机关文件材料归档范围和文书档案保管期限表等。其中机关文件材料归档范围和文书档案保管期限表应经同级档案行政管理部门审查同意后实施。2015 年 5 月 10 日，国务院发布《关于取消非行政许可审批事项的决定》（国发〔2015〕27 号），将文件材料归档范围和档案保管期限表审批调整为政府内部审批事项，重新明确审批的要求和性质。

1. *归档文件材料整理及归档办法*

建立这项制度的目的是明确归档文件的整理环节、整理方法、归档时限和质量要求等，具体应包括以下内容：

（1）明晰工作职责。在一个立档单位内，应建立文书部门和业务部门归档制度，确定归档文件的整理工作是集中由文书部门来承担，还是分散由各业务部门来承担，或是采取二者相结合的方式。整理工作应做到职责明确，分工清晰，落实到人。

（2）明确全宗及分类方案。在文件归档前，应确定分类方法和分类方案。某些情况比较复杂的机关，如两个机关合署办公、机关所属单位较多等，还应确定立档单位和全宗。已确定的立档单位和分类方案应体现在制度中。

（3）确定整理方法。要依据《规则》要求并结合实际情况，规定本单位归档文件整理的工作模式，如文件处理完毕后立即整理归档的随办随归模式、文件处理完毕后随即整理、次年统一归档的随办随整模式、在规定时间集中整理和归档模式等；确定组件、装订、编号等整理方法的具体要求。注意确定的整理方法不能与《规则》的规定以及同级档案行政管理部门的要求相违背。对机关工作中产生的应当归档的其他门类和载体的档案，同样应依据国家有关规定一并提出整理要求。

（4）提出归档的时间和要求。如果整理工作由各部门完成，规定中应限定各部门将归档文件整理完毕后，向档案部门归档的具体时间。此外还应对向档案部门移交的归档文件的整理质量及目录数量、移交手续等加以规定。

2. 机关文件材料归档范围和文书档案保管期限表

各机关在制定本机关文件材料归档范围和划分档案保管期限时，必须依据国家档案局令第 8 号和同级档案行政管理部门的规定，结合本机关实际逐一进行对照分析，准确划定归档的范围和保管的期限，并注意以下几个问题：

（1）要密切结合业务工作。凡是本机关在职能活动中形成、办理完毕、具有保存价值、应作为档案留存的文件材料都应该整理归档。机关在起草本项制度时，应深入了解业务部门文件的形成和办理情况，将其工作活动中形成的文件材料种类、数量等了解清楚，按部门列出清单，将反映机关职能活动的文件全部纳入其中。然后，再依据国家档案局令第 8 号等有关规定，从文件材料的现实效用和历史查考作用两个角度对这些文件材料提出归档范围和保管期限要求，经各部门修改和完善后报同级档案行政管理部门批准。

（2）要便于操作。在制定制度时切忌生搬硬套，不能将国家、地方的规定或其他机关的制度拿来一抄了事。此外，鉴于这一制度是判定文件材料归档范围和划分档案保管期限的重要文件，条款内容应尽可能细化，每一条款都必须针对某一种文件。同时用语也要精确，尽量不要使用“重要的”“一般的”等难以把握的限定词。

（3）要突出重点。机关工作中形成的文件，按来源可以分为两部分：一部分是本机关制发的文件，包括本机关的对外发文和本机关的内部文件；另一部分是本机关的收文，包括上级机关、平行机关和下级机关的来文。本机关的文件是与本机关的职责、主管的业务工作活动密切相关的，其内容直接地、系统地、全面地记录了本机关的主要职能活动和基本历史面貌。整理归档后本机关的文件又是工作查考和历史研究的第一手材料。而机关的收文，只是从侧面间接地反映本机关的工作活动和工作历史。因此，在确定归档范围和保管期限时，本机关形成的文件材料是收集归档的重点。

（4）要注意账外文件。在机关的文件中，最容易被忽视的是那些内部使用的或未经正常公文运转程序的“白头文件”，也就是我们常说的账外文件。这些文件中的部分文件材料，对于记录和反映本机关的职能活动和历史真实面貌也是必不可少的，因此同样需要纳入前述清单中，提出相应的归档范围和保管期限要求。

二、确定责任主体

1955 年 1 月 17 日经中共中央批准的《中国共产党中央和省（市）级机关文书处理工作和档案工作暂行条例》，将文书部门承担立卷工作作为一项制度确定下来并开始试行。1956 年 4 月 16 日，国务院作出的《关于加强国家档案工作的决定》，按照周恩来总理的意见，单独列出一条要求“全面推行文书处理部门立卷，以建立统一的归档制度”，这就使文书处理部门立卷工作作为一项制度在党和国家机关工作中得到了确立。1983 年 4 月 28 日，中央办公厅、国务院办公厅发布《机关档案工作条例》，规定：“凡机关工作活动中形成的具有保存价值的文件材料（包括党、政、工、团以及人事、保卫、财会等工作中形成的文件材料），均由文书部门或业务部门进行整理、立卷，并定期向档案部门归档。”这一规定，改变了以往仅仅依靠文书部门进行文件材料整理的模式，将文件材料整理的责任主体扩展为文书部门和业务部门，完善了文件材料整理制度，为科学划分文书工作和档案工作界限、促进文书工作与档案工作的密切合作和协调发展起到了重要的作用。

一般来说，文书部门、业务部门进行文件材料整理有集中式、分散式、混合式三种形式。各机关要根据本单位的实际情况，以最大限度地保证归档文件的齐全完整，便于及时整理和利用，保证整理质量，节省人力、时间，提高工作效率为原则，选择适合本机关的合理形式。

1. 集中式。即归档文件整理工作由文书部门统一进行。这种形式一般适用于基层单位或规模较小的机关。这些单位内设部门和层次少，文件形成数量不多，文书部门能够承担所有文件材料的整理工作。文书部门承担归档文件整理工作，可以充分发挥文书部门熟悉文书处理过程的长处，有利于提高整理质量和工作效率。而且，文件由文书部门统一整理，也便于平时文件的收集，有利于归档文件材料的齐全、完整、保密和安全。

2. 分散式。即整理工作由形成文件的业务部门分散进行。此种形式一般适用于规模较大的机关。这些单位各部门业务分工明确，内设部门层次较多，文件形成量也较大，由各个业务部门承担文件材料的整理工作，可以充分发挥业务部门熟悉业务工作、文件材料价值判定准确的优势，同时，文件材料在本部门随时进行整理，既方便查阅利用，又可以有效减轻年终集中整理的压力。

需要注意的是，归档文件整理工作采用分散式组织形式时，综合性会议文件和跨部门联合承办的文件的责任主体要特别予以明确。

3. 混合式。即整理工作一部分集中在文书部门，一部分分散在业务部门。此种形式同样适用于规模较大的机关。具体做法是：行政、综合性的文件集中在文书部门整理，对于业务部门形成的文件材料，比如人事、会计、基建、科技以及其他专业文件材料，相关整理工作由业务部门分散进行。

三、注重平时积累

在实践中，归档工作一般按年度进行，但按年度进行并不意味着每年年终才开始着手归档整理工作。如果重视文件的平时积累，及时收集日常工作中形成的、办理完毕的文件材料，做到随办随归、妥善管理，既有利于归档文件的齐全完整，又能使年终的整理工作变得十分轻松。要做好文件材料的平时积累工作，应注意以下几点：

1. 严格登记。收发文件的登记是文件来往的必经关口。通过登记，对来往行文、机关内部文件、会议文件等逐件登记建账，可以做到“家底清楚”，有据可查，是保证机关单位文件齐全完整的一项重要措施。登记时，不仅要对通过正常渠道传送的文件逐件登记，也要对外出开会、检查工作等带回本单位的文件材料逐件登记，以使“账外文件”也能及时收回，免出漏洞。

2. 及时收集。及时收集是确保归档文件齐全完整的关键。收集工作不要等到年底集中整理时才进行，而应根据不同情况明确时限。比如文件材料在机构变化、人事变动、工作调整时容易散失，造成归档文件不齐全、不完整，就应该在变化时及时收集；对办理完毕、属于归档范围的文件材料，应做到办完一件收集一件，也可以采取定期清理的办法，按月或按季度进行；此外还可与保密检查、节日清点文件等相结合进行一些临时性的收集工作；对于一些临时性的大型活动，特别是跨部门举办的会议、展览等，在活动结束时，应将归档的文件及时收集起来。

3. 认真检查。对收集来的各种文件材料，应针对以下各方面情况进行逐件检查：首先，同一事由的文件是否办理完毕，包括每份文件是否已完成公文处理的每个程序，是否是生效文件。其次，文件材料是否齐全完整。同一事由的文件是否收集在一起，包括机关内部所有机构的文件种类、类型是否齐全完整，每份文件的正本、定稿、重要的草稿、附件等是否齐全完整。再次，这些文件材料的字迹、用纸是否符合归档要求。

4. 随办随整。收集来的文件材料经过检查后，应按照整理工作的具体要求，或进行完整的整理工作，或进行装订、盖章等前期基础性工作，使收集来的零散文件系统化，以便于日常工作的查阅，并为年终整理归档打下基础。可以事先根据机关档案部门统一的分类方案，准备好不同档案盒，分别存放已办理完毕但未整理的文件和已按事由整理完毕的文件。

四、及时做好指导、监督和检查

1999 年 6 月发布的《中华人民共和国档案法实施办法》第九条规定：机关、团体、企业事业单位和其他组织的档案机构负有“指导本单位文件、资料的形成、积累和归档工作”的职责。因此，机关档案部门在做好保管、利用工作的同时，必须认真履行对归档文件材料整理工作的指导、监督和检查的职责。

各机关档案部门要采取组织培训、个别讲解等方法，使机关文书部门或业务部门的整理人员了解和掌握文件材料整理、归档的具体要求和做法，解答操作中遇到的问题。同时还要经常到各部门进行检查和指导，就应归档的文件材料是否齐全完整、归档文件保管期限划分是否准确、整理的方法是否符合《规则》和机关相关制度的要求、归档文件目录、归档章、档案盒盒脊以及备考表等项目的填写是否规范等提出意见，发现问题要及时纠正，真正把监督、检查和指导工作落到实处。

第三章　整理的一般要求

第一节　整理原则与流程

《规则》最根本的特点，就是以件为整理单位，进行归档文件的整理工作。按件整理归档文件虽然存在手工管理时检索和清点较为困难等弊端，但在信息化管理日渐普及的当下，以件为单位进行整理的方法符合“简化整理，深化检索”的原则，降低了档案工作人员掌握和操作的难度，并使纸质文件材料与电子文件的整理更加有效地联结起来，对于提高归档齐全完整程度和档案整理规范化水平，推动电子文件管理具有重要意义。

一、整理原则

1. 归档文件整理应遵循文件的形成规律，保持文件之间的有机联系

文件伴随着机关、团体和社会组织的职能活动产生，有其自身的形成规律和特点。2012 年印发的《党政机关公文处理工作条例》和《党政机关公文格式》对公文种类、公文格式、行文规则、公文拟制、公文处理等作了明确规定和详细要求，为各个机关公文办理提供了统一的规范和标准。这些规范和标准，连同长期以来各机关在文件处理过程中形成的习惯做法，以及办公自动化条件下电子文件形成的特殊要求，构成了文件形成的一般规律。遵循文件的形成规律对归档文件进行整理，实际上是将整理作为文件形成的自然延续过程，能够最大限度减少个人对文件材料的人工干预，提升文件整理质量。《规则》组件中件的构成、件内文件排序等内容就充分体现了这一原则。比如机关在收文时，一般会在签收、登记后，粘贴收文处理单，然后再对收文进行办理。在这种情况下，收文处理单与收文就组成了一“件”，在收文处理单和收文的排序上，自然是收文处理单在前，收文在后。机关在发文时，通常需要先拟稿、填写发文稿纸，再按照文件办理程序对拟稿进行修改，形成定稿，最后依据定稿进行印制、核发正本，完成发文过程。在这种情况下，定稿、发文稿纸、正本组成一件，排列顺序自然就是正本在前，发文稿纸和定稿在后。

在归档文件整理中，必须保持文件之间的有机联系。文件之间有机联系是指文件在产生和处理过程中，在来源、时间、内容等方面形成的内在关联性，这种关联性既记录了文件之间及文件组件之间的相互关系，也为档案记录的完整性和有序性提供了保障。因而，在归档文件整理中保持文件之间的有机联系，既能更好地反映机关主要工作活动的历史面貌，也便于日后的检索和利用。在具体操作上，《规则》在实体分类时，将归档文件按照不同年度、不同机构（问题）等形成时的客观规律进行相对集中，维护不同文件之间的有机联系；在最低一级类目内排列文件时，强调按时间结合事由排列，将同一事由形成的文件排列在一起，使文件之间的有机联系得以充分体现。

2. 归档文件整理应区分不同价值，便于保管和利用

文件的价值是由它的内容及其对本机关工作的作用、对未来研究历史的作用决定的。就一个机关文件的价值而言，不是所有办理完毕的文件材料都需要整理归档，也不是所有归档文件都要永久保存。这就要求在归档和整理时做好两项工作：一是根据机关文件材料归档范围的规定，区分归档与不归档文件；二是根据文书档案保管期限表的规定，区分文件价值，划定不同的保管期限。《规则》从分类开始，就将不同保管期限的文件区分开来，为有针对性地开展后续工作打下了基础。

便于保管、方便利用是归档文件整理工作的重要目标。便于保管，就是通过区别文件材料的不同价值，采取不同的保管策略，以提高管理工作的效能；方便利用，就是要保持文件材料之间的有机联系，以提高归档文件的查全率和查准率。因此，便于保管和方便利用是建立在遵循文件的形成规律、保持文件之间的有机联系、区分不同价值的基础之上的。同时，便于保管和方便利用也是检验归档文件整理方法实用性的唯一标准。《规则》推行文件级整理，正是在新形势下对这一原则的合理运用。

3. 归档文件整理应符合文档一体化管理要求，便于计算机管理或计算机辅助管理

这是《规则》修订提出的全新整理原则。在信息化条件下，归档文件整理必须统筹考虑纸质文件材料和电子文件的整理要求，避免因两类归档文件整理的基本原则、基本方法不同而带来的诸多问题。解决这一问题的基本思路就是实现信息化条件下的文档一体化管理，即将公文处理与档案管理相结合，充分利用文书处理过程中形成的数据信息和工作成果，使文书工作和归档文件的整理形成一个有序的整体，从而简化文件整理归档工作，提高工作效率。同传统立卷方法相比，按件整理文件材料更加适合文档一体化管理

要求，即可以将纸质文件材料整理与电子文件整理统一起来，尽量用电子文件管理的思路和方法去引领归档文件整理，进而实现纸质文件材料和电子文件统一标准、统一整理、统一管理的要求。文档一体化管理要求，应避免用纸质文件材料整理中的一些手工管理方式去要求电子文件的整理。比如，在实践中存在的将电子文件以盒为单位进行整理的现象，就是机械照搬纸质文件材料整理的一种做法，既无谓增加整理步骤和工作量，又增加了检索层次，影响检索效率，是不可取的。

从长远看，由利用计算机对纸质归档文件进行辅助管理过渡到利用计算机对电子文件进行管理是必然趋势。因而，调整归档文件整理流程，使办理完毕的文件能够直接进入整理环节，同时，尽量以文书处理环节生成的项目来组织检索条目，使归档工作更加贴近文书、业务人员的工作实际，这是归档文件整理必须把握的重要原则。归档文件整理能否符合文档一体化管理要求，是否便于计算机管理或计算机辅助管理，是归档文件整理顺应形势发展，在信息化条件下顺利推进相关工作的关键。《规则》修订时优化整理流程、统一室编件号和馆编件号、增加档号编制等内容都是为了使归档文件的整理能够与文档一体化的管理要求相一致。

4. 归档文件整理应保证纸质文件材料和电子文件整理协调统一

从目前的情况来看，纸质文件材料与电子文件在较长的时间内会并行存在。在这种情况下，保证二者的协调统一是进行归档文件整理必须面对的问题。要实现二者协调统一，首先要统筹规划公文处理和档案管理工作。在公文处理环节前置档案管理的部分要求，在档案管理环节继续采用文书处理阶段产生的相关信息，使二者成为一个有机整体，解决文件价值判断脱节、文件和档案管理信息不一致、电子文件元数据丢失等问题，以提高归档文件的整理效率。其次要考虑归档文件整理的基本方法。在信息化条件下，一般应将归档电子文件为第一整理对象，先在归档系统上完成电子文件的整理，再据此整理纸质归档文件，以便充分利用文书处理环节形成的管理信息，保持整理工作的一致性和稳定性。

二、整理流程

《规则》规定，归档文件整理是指将归档文件以件为单位进行组件、分类、排列、编号、编目等（纸质归档文件还包括修整、装订、编页、装盒、排架；电子文件还包括格式转换、元数据收集、归档数据包组织、存储等），使之有序化的过程。在这个过程中，组件、分类、排列、编号、编目是纸质归档文件与电子文件整理的通用整理流程，亦即归档文件整理的一般要求。此外，纸质归档文件还包括修整、装订、编页、装盒、排架等整理流程，电子文件还包括格式转换、元数据收集、归档数据包组织、存储等整理流程。

具体来说，纸质文件材料的整理流程包括：组件、修整、装订、分类、排列、编号、编页、编目、装盒、排架，如图 3－1 所示。

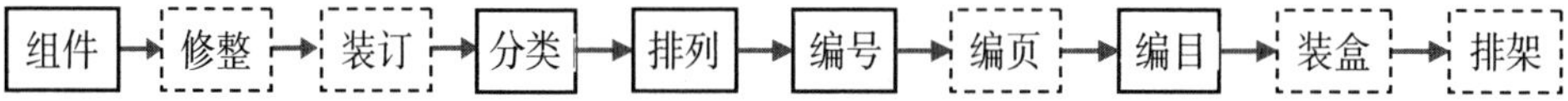

图 3－1　纸质归档文件整理流程

与之相对应，电子文件的整理流程包括：组件、格式转换、元数据收集、分类、排列、编号、编目、归档数据包组织、存储等，如图 3－2 所示。

图 3－2　电子文件整理流程

三、双套制环境下归档文件整理模式

所谓双套制，是指文件归档后纸质文件和电子文件共存的归档制度，亦称为双套归档。双套制的实现，可以是将具有重要作用和长远查考价值的电子文件转化为纸质文件，也可以是对利用率高的纸质文件进行数字化。双套归档可使同一份文件的电子版本和纸质版本共同处于存储和可利用状态。中共中央办公厅、国务院办公厅《电子文件管理暂行办法》（厅字〔2009〕39 号）第十六条规定，“具有永久保存价值或者其他重要价值的电子文件，应当转换为纸质文件或者缩微胶卷同时归档”，体现了重要文件“双套制”整理的思想。

在机关档案实际工作中，应以文档一体化管理为基础，充分发挥信息化管理优势，简化纸质归档文件整理方法，共享纸质归档文件和归档文件数字化副本、电子文件管理信息，采取切实可行的办法保障纸质归档文件和归档文件数字化副本、电子文件的联系，降低机关档案双套制整理成本，提高档案整理效率。

1. 以纸质归档文件收集与整理为主的机关，应按照以下模式开展归档文件整理。

（1）收到的电子文件应打印形成纸质文件，连同收到的纸质文件和本单位形成的纸质文件一并以纸质形态进行文件流转处理。

（2）纸质文件流转完毕后，由文书部门、业务部门人员对文件进行价值鉴定，有归档价值的文件应直接确定保管期限，对文件进行分类整理，并赋予档号，完成纸质文件整理。

（3）收到的电子文件、纸质文件的数字化成果合并整理为电子档案，电子档案应与整理完毕的纸质档案采取相同的保管期限、分类排列方法，并编制相同的档号，与纸质档案一体化进行管理。

2. 以电子文件收集与整理为主的机关，应按照以下模式开展归档文件整理。

（1）收到的纸质文件应数字化形成数字化副本，连同接收的电子文件和本单位形成的电子文件一并以电子形态进入办公系统，进行文件流转处理。

（2）电子文件、纸质文件数字化副本流转完毕后，由文书部门、业务部门人员对文件进行价值鉴定，有归档价值的文件应直接确定保管期限，进行分类整理，并赋予档号，完成电子文件整理。

（3）收到的纸质归档文件、电子文件的打印版本合并整理为纸质档案，纸质档案应与整理完毕的电子档案采取相同的保管期限、分类排列方法，并编制相同的档号，与电子档案一体化进行管理。

第二节 组 件

组件即件的组织，包括件的构成和件内文件排序。组件的内容为：一是件由哪几部分构成的，二是这些构成部分的排序原则，也就是件内文件如何排序。按照要求构成并规范排序的文件才能完成组件。

一、件的构成

《规则》5.1.1规定，归档文件一般以每份文件为一件。正文、附件为一件；文件正本与定稿（包括法律法规等重要文件的历次修改稿）为一件；转发文与被转发文为一件；原件与复制件为一件；正本与翻译本为一件；中文本与外文本为一件；报表、名册、图册等一册（本）为一件（作为文件附件时除外）；简报、周报等材料一期为一件；会议纪要、会议记录一般一次会议为一件，会议记录一年一本的，一本为一件；来文与复文（请示与批复、报告与批示、函与复函等）一般独立成件，也可为一件。有文件处理单或发文稿纸的，文件处理单或发文稿纸与相关文件为一件。

1. 单份文件为一件

一般来说，归档文件一般以“自然件”为一件，即以单份文件作为一件。如《××局关于深入学习宣传贯彻党的十八大精神的通知》《××局关于开展年度考核工作的实施意见》等，这两份文件应各自作为一件，每件作为一个整理单位。《规则》修订还明确了“来文与复文（请示与批复、报告与批示、函与复函等）一般独立成件”，强调以单份文件作为一件的原则。

2. 多份文件为一件

有些文件，比如正文与附件、转发文与被转发文等，各部分虽有一定的独立性，但在内容上密切相关，分散整理可能会出现归档不完整，或归档后不便于利用，故《规则》规定此类文件应作为一件进行整理。此外，正本与其他稿本、原件与复制件等，如果没有组合在一起，其中之一在检索上往往没有太大价值，而且会增加大量不必要的编目工作，影响到整理和利用时的工作效率，因而同样作为一件处理。至于来文与复文来说，原《规则》

规定“可为一件”，《规则》修订时改为“一般独立成件，也可为一件”，有限度地延续之前作为一件的整理方法。《规则》允许将这些文件两份或多份作为一件，作为整理的基本单位，这是《规则》灵活性的体现，增强了《规则》的可操作性，有较大的实际意义。具体而言，这类文件包括：

（1）正文与附件

附件是指附属于正文之后的其他文件材料，作为正文的补充说明或参考材料，如附带的图表、统计数字、正文批准或发布的法规文件等等。一般来说，正文与附件为一件；如果附件数量较多或者太厚不易装订时，也可各为一件。

（2）文件正本与不同稿本

同一文件除正本外，在撰写、印刷过程中形成的不同稿本，包括历次修改稿、讨论稿、征求意见稿、定稿等，也可能需要留存。一般来说，这些稿本与正本为一件，但这些稿本过厚不易装订的，也可单独作为一件。

（3）转发文与被转发文

转发文与被转发文是一份文件的不同部分，前者往往包括贯彻意见及执行要求，后者则是具体内容，它们在发挥文件效力方面难以分割，因此也应作为一件。

（4）原件与复制件

对于制成材料、字迹材料等不利于档案保管的文件（如热敏纸传真件、铅笔书写的重要文件），以及使用中出现破损的文件，应复制后归档。复制件包括复印机制作的复印件、计算机重新打印件以及手工誊写的抄件等。这些复制件应与原件作为一件。

（5）正本与翻译本

归档文件除正本外，还有其他不同语言的翻译本（含少数民族文字文本）需要留存的，一般来说，文件的正本与翻译本为一件，但翻译本过厚不易装订的，也可单独作为一件；多种不同语言的翻译本也可各为一件。

（6）中文本与外文本

同一文件除中文本外，还有内容与中文文本相对应的外文文本需要归档的，一般来说，文件的中文本与外文本为一件，但外文本过厚不易装订的，也可单独作为一件；多种不同语言的外文本也可各为一件。

（7）报表、名册、图册等

报表、名册、图册等一般每册（本）内容都相对完整，具有独立的检索价值，因此应按照其本来的装订方式，一册（本）作为一件。但报表、名册、图册等作为文件附件时，一般与文件一起作为一件。

（8）会议纪要、会议记录

机关在记录会议记录时，有的使用制式的会议记录纸，有的使用专用记事本。使用专用记事本记录的，一本会议记录应作为一件保存，但不同年度、不同会议类型的会议记录不应作为一件。使用会议记录纸记录的，可以一次会议记录作为一件，也可根据材料厚度自定件数，如一年或半年的作为一件。

机关在形成会议纪要时，一般以一次会议为一件。

（9）来文与复文

“来文与复文”或称为“往复文件”，是对联系密切的来往性质的文件材料的概括性表述，包括“去文与复文”“来文与办理结果”等，从文种上看包括请示与批复、报告与批示、函与复函等。对于往复文件，原《规则》规定“可为一件”，实践中各地区、各部门也大多采取组成一件的方式进行管理，这种做法在纸质文件整理上是完全没问题的，但是如果依此对电子文件或者数字化成果进行整理，来文与复文为一件可能会增加管理层次，带来子件问题。由于各地区、各部门尚未对子件形成一致意见，《规则》修订时强调来文与复文“一般独立成件，也可为一件”，作为不采取子件形式进行文件整理的解决方案。在具体执行上，各地区、各部门可以根据实际情况灵活掌握。

需要注意的是，来文与复文“一般独立成件，也可为一件”要与“转发文与被转发文为一件”的情况相区分。

（10）文件与文件处理单或发文稿纸

文书处理较规范的机关，文件在运转过程中一般都附有文件处理单或者拟办单、发文稿纸，有的还附有领导批示的签批条等。这些表单真实地记录了文件的形成、办理过程，是归档文件不可分割的重要组成部分，应与相关文件作为一件。

（11）介绍信及存根、新闻报道材料

介绍信及存根可依材料多少按时间顺序自定件数，如一年或半年的作为一件。需要注意的是，应把同一人的组织关系（党、团）、行政关系、工资关系介绍信或存根排列在一起。另外，组织人事部门或有些比较大的系统等，往往形成大量的介绍信或存根，可按原装订方式，一册作为一件，但跨年度的材料应分别组件。新闻报道材料的组件也依此办理。

（12）行政审批、处罚等材料

机关行政管理工作中形成的审批、审查、核准等文件材料，以及行政处罚、处分、复议、国家赔偿等工作中形成的文件材料，一次审批或处罚材料之间联系紧密，如各自组件会影响档案的检索利用。一般情况下，一次审批、审查、核准、处罚、处分、复议、国家赔偿形成的文件材料应作为一件。

在组件过程中，还应注意不能擅自扩大组件的范围。有的单位将同一事由的若干文件作为一件处理。这种做法虽然使整理工作简化了，但却给将来的检索利用带来不便。如将某下属单位申请某项专业经费的请示、该局的批复和局内承办部门的经办过程文件作为一件整理，将来利用者只想查看关于这项经费申请工作的经办情况，从归档文件目录上就很难检索到，不符合深化检索的指导思想，这种做法应该避免。

二、件内文件排序

1. 件内文件排序规则

多份文件作为一件时，件内文件之间的排列顺序应遵循《规则》5.1.2执行，即：

（1）正文在前，附件在后；

（2）正本在前，定稿在后；

（3）转发文在前，被转发文在后；

（4）原件在前，复制件在后；

（5）不同文字的文本，无特殊规定的，汉文文本在前，少数民族文字文本在后；

（6）中文本在前，外文本在后；

（7）来文与复文作为一件时，复文在前，来文在后；

（8）有文件处理单或发文稿纸的，文件处理单在前，收文在后；正本在前，发文稿纸和定稿在后。

除《规则》明确说明的情况外，以下情况多份文件作为一件时应注意：

（1）会议纪要、会议记录应按照时间先后排序；

（2）介绍信及存根应按照人员结合时间先后排序；

（3）新闻报道材料应按照媒体种类结合时间先后排序；

（4）行政审批、处罚等材料应结论性材料在前，其他材料依工作流程顺序排列在后。

2. 示例

由于收文和发文在机关归档文件中最为常见，数量也比较多，下面以收文和发文为例，以图示的方式直观地说明件内文件的排序情况。

(1) 收文

机关在收到文件后，一般会粘贴文件处理单，再对文件进行运转处理。收到的文件有正文、附件的，连同文件处理单一起组成一件。排列的前后顺序依次是文件处理单、正文、附件，如图 3－3 所示。

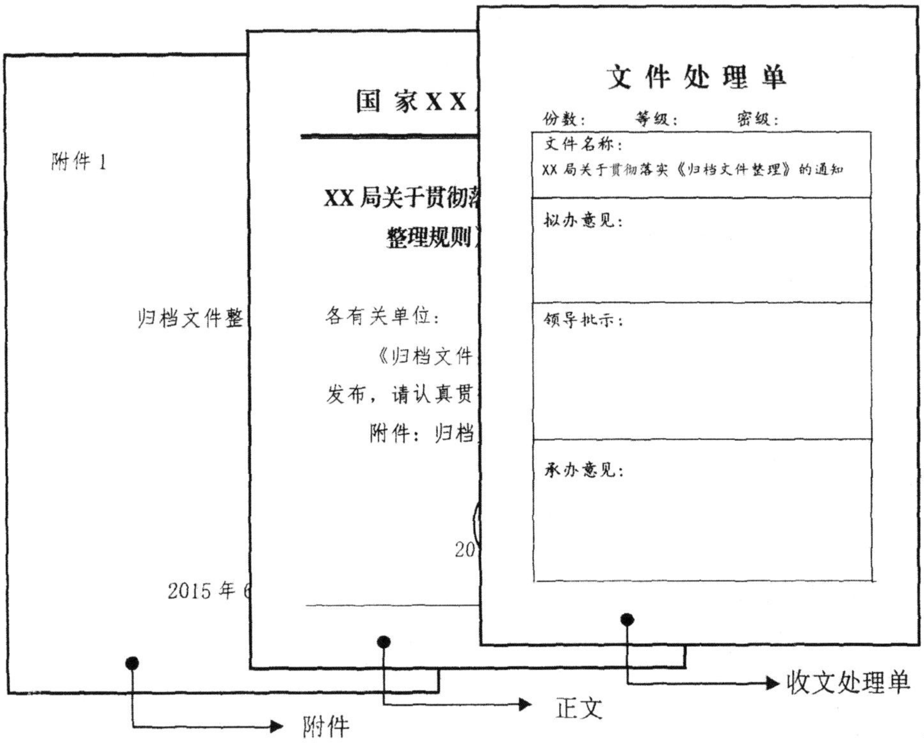

图 3－3　收文的件内排序

(2) 发文

机关发文一般是先拟稿，填写发文稿纸，再对拟写稿件依次审核后形成定稿，最后印发正式文件，即正本。因此，发文稿纸记录了拟稿形成定稿的审核（甚至修改）过程，与定稿的关系更为密切。因此，正本、发文处理单、定稿应按前后顺序依次排列，如图 3－4 所示。

发文中如存在附件、复制件、少数民族文字文本、外文本的，在正本、发文处理单、定稿的按前后顺序排列的基础上，再按照《规则》要求进一步排列即可。

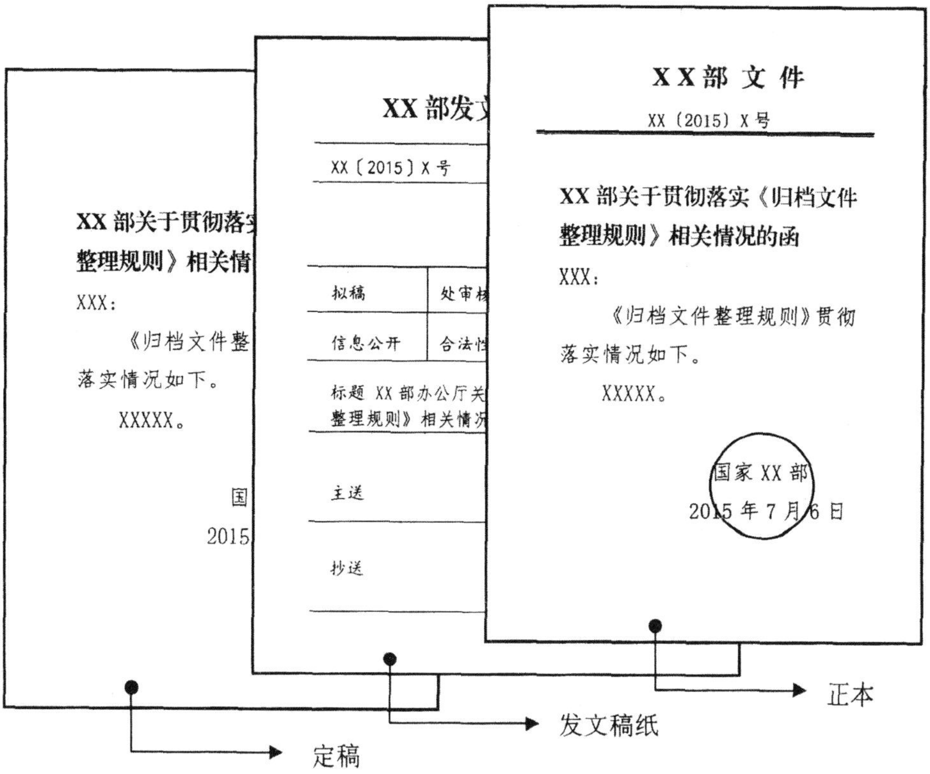
XX部关于贯彻落实
整理规则》相关情
XXX:
《归档文件整
落实情况如下。
XXXXX。
国
2015
XX部发文
XX〔2015〕X号
拟稿
处审核
信息公开
合法性
标题 XX部办公厅关
整理规则》相关情况
主送
抄送
XX部 文 件
XX〔2015〕X号
XX部关于贯彻落实《归档文件
整理规则》相关情况的函
XXX:
《归档文件整理规则》贯彻
落实情况如下。
XXXXX。
国家XX部
2015年7月6日
正本
发文稿纸
定稿

图3-4　发文的件内排序

第三节 分 类

《规则》中的分类，是指全宗内归档文件的分类，即将归档文件按其来源、时间、内容和形式等方面的特征，分为若干类别，并将各类别按照层级关系组合为一个有机整体的过程。分类包括选择分类方法、制定分类方案、文件归类等具体内容。

对归档文件进行合理的分类，不但能有效揭示归档文件之间的内在联系，使全宗成为一个有机整体，便于系统地提供利用，而且对归档文件排列、编目、排架等都有着重要意义。因此，《规则》虽然对归档文件整理工作的许多环节进行了简化，但分类仍然作为必不可少的基本步骤保留了下来。

一、分类方法

分类方法也称为“分类标准”“分类特征”或“分类原则”。合理选择分类方法，很大程度上决定了分类的质量。全宗内档案分类的方法很多，《规则》选择年度、机构（问题）和保管期限作为基本的、通用的分类方法，这是由于这三种分类方法在各地区、各部门档案部门使用率最高，并且反映了档案管理的基本规律和要求。按照这三种方法对归档文件进行分类，在各级各类档案室都可以实现档案的有序管理和有效检索。

1. 年度分类法

年度分类法，就是将文件按其形成年度进行分类。年度分类法是运用最广泛的分类方法。归档文件按年度特征分类，可以反映出一个机关单位每年工作的特点和逐年发展变化的情况，并且同现行机关以年度为单位将文件整理归档的制度相吻合，类目设置标准清楚、明确。

《规则》规定“跨年度一般应以文件签发日期为准。对于计划、总结、预算、统计报表、表彰先进以及法规性文件等内容涉及不同年度的文件，统一按文件签发日期判定所属年度。跨年度形成的会议文件归入闭幕年。跨年度办理的文件归入办结年。当形成年度无法考证时，年度为其归档年度，并在附注项加以说明。”运用年度分类法时，正确地判定文件的日期并归入相应的归档年度，是决定分类质量的关键。正确理解《规则》对于确定“归档年度”的有关要求，必须注意以下几种情况：

（1）文件有多个时间特征

一份文件往往有多个时间特征，包括成文日期、签发日期、批准日期、会议通过日期、公布日期、发文和收文日期等等。分年度，也就是确定归档年度时，一般来说应以文件签发日期（即落款日期）为准，据以判定文件所属年度。对于计划、总结、预算、统计报表、表彰先进以及法规性文件等内容涉及不同年度的文件，《规则》统一规定为按文件签发日期（即落款日期）判定文件归档年度，以进一步简化分类中的概念和操作。例如，2010 年形成的《2011 年工作计划》，应归入 2010 年度；2011 年形成的《2010 年机关工作总结》，应归入 2011 年；2012 年制定发布、2013 年生效的法律法规，应归入 2012 年。

（2）跨年度形成的文件

机关单位的某些具体职能活动，如召开会议、处理案件等等，可能会跨年度形成文件，这样的文件往往统一在办结年度归档，分类时也都归入办结年度。这样，将来在档案管理和提供利用时，可在工作结束年的档案中找到该职能活动形成的全部档案，方便档案人员的管理和利用者的查找。比如，跨 2010 年、2011 年两个年度的会议，其形成的文件材料统一在闭幕年，即 2011 年整理归档，分类时这些文件材料的归档年度都统一为 2011 年；跨 2010 年、2011 年两个年度处理的案件，其形成的文件材料统一在结案年，即 2011 年整理归档，分类时这些文件材料的归档年度都统一为 2011 年；当来文与复文作为一件归档时，下级单位 2012 年 12 月写的请示，上级单位 2013 年 1 月批复，则该请示应连同办理过程中形成的其他文件一起归入 2013 年。对于年度跨度过大的职能活动，要同时考虑机关文件归档制度和此项工作每年的文件形成量，酌情予以适当放宽处理。比如机关文件归档制度要求必须逐年归档，那么将这些文件分散到各年度内归档也是可以的，但在分类、排列等环节上应掌握同一尺度，以方便查找利用。此外，如果这项工作每年的文件形成量较大，不及时归档就有可能会影响到这些文件的齐全完整，并增加平时管理的难度，同样可以将这些文件分散到各个年度内归档。

需要特别说明的是，在信息化环境下，为了做到随办随归、方便电子文件管理，在实践中应尽可能通过调整组件、排列方式等手段，尽量使归档年度与形成年度保持一致，以减少在电子文件上附加与文件本身无关且容易产生混淆的信息，以简化整理、方便管理。

（3）几份文件组为一件时，“件”的归档年度

《规则》规定，不只是单份文件可作为一件，正本与定稿、原件与复制件、来文与复文等也可作为一件，这时判定“件”的归档年度，应以装订时排在最前面的文件的签发日期（即落款日期）为准。具体地说，正本与定稿为一件，以正本为准；正文与附件为一件，以正文为准；转发文与被转发文为一件，以转发文为准；来文与复文为一件，以复文为准。

（4）文件没有标注日期

此类情况常见于内部文件（白头文件），需要分析文件内容、制成材料、格式、字体以及各种标识，通过对照等手段来考证和推断文件的准确日期或近似日期，并据以按年度合理归类。当文件的形成年度确实无法考证时，可以将归档时的年度作为其归档年度，并在备注项加以说明。

（5）专门年度归档文件的分类方法

如果立档单位一部分工作是按照专门年度进行的，如学校的教学年度等，采用年度分类法时，对这部分工作中形成的文件，就应按照专门年度进行分类。例如，学校以学年为单位进行工作，形成的文件应按教学年度分类，其他文件仍按一般年度分类。综合管理时可将这两种年度的文件有规律地组织起来，依次划分年度类别，如 2010 年与 2010 - 2011 学年归入同一类。

2. 机构（问题）分类法

机构（问题）分类法也是现行机关常见的一种分类法。制定分类方案时，机构分类法与问题分类法不宜同时采用，而应根据机关归档文件的实际情况选择其中一种。

（1）机构分类法

机构分类法就是根据文书处理阶段形成和处理文件的承办机构对归档文件分类。采用机构分类法，能有效地保持全宗内文件在来源方面固有的联系，客观地反映立档单位的历史面貌；同时由于每个机构都承担某方面的职能和任务，按机构分类在一定程度上集中反映了某一方面工作内容的文件，便于按照一定的专题查找和利用档案。特别是对于归档文件由各机构分工整理的情况下，每个机构向档案室移交的归档文件，就自然构成一类，使全宗内分类体系的设计大大简化。

采用机构分类法时，一般来说，有一个机构就设置一个类，机构名称就

是类名。各类的次序可按照本机关机构序列表的规定或习惯上的顺序来排列。一般是领导机构、综合性机构排在最前面，再依次排列各业务部门。例如先排办公室，后排业务处（室）、后勤部门等。

采用机构分类法，原则上以哪个机构名义发文的文件就归入哪个机构的类中。有些文件是由几个机构共同处理的，如何归类则须视具体情况而定：有主办者的一般归入主办机构；以机关名义发出的文件，则归入有关机构类中。业务部门起草、以机关或办公厅（室）名义发出的，如果内容属该部门职责或业务，则应归入负责起草文件的机构类中，否则归入负责发文的综合机构内。

机关单位内设置的临时机构，应和其他机构一样设类，形成的归档文件归入该类保存。有的临时机构是与该立档单位某一内部机构合署办公，并以该机构为常设机构，那么形成的文件应归入该内部机构类中；如果临时机构涉及两个以上的内部机构，则应根据其主要职能以及形成的文件内容、数量多少等，由这些机构协商后确定分类方法。

有的机关内部机构体系复杂，如有的部委下设司（局），司（局）下又设处（室），这种情况下，一般应选择司（局）级机构进行分类；处（室）业务独立性强、职能重要的，也可选择处（室）级机构进行分类。

（2）问题分类法

问题分类法就是按照文件内容所涉及的问题对归档文件分类。采用问题分类法，可以避免或减少同类问题文件分散的现象，便于按专题查找和利用档案。特别是由于设类可以不受内部机构的限制，机关的中心任务和主要活动可以单独设类，能够比较突出地反映一个机关职能活动的主要面貌。

在实际工作中，使用问题分类法的立档单位，大多参照本单位内部组织机构的职能性质来设置类别，例如，将党委、工会、共青团等机构形成的归档文件划为“党群类”，业务部门形成的归档文件划为“业务类”，行政后勤部门形成的归档文件划为“行政类”等等。

问题分类法主观性较强，应慎重采用，特别是不要轻易打乱组织机构而先按问题分类。同时，要注意按照机关的基本职能来设置类别，类目体系力求简明，合乎逻辑。文件归类应按其主要内容有规律地进行，并保持连续性，某个内容的归档文件在去年放入哪类中，今年亦应归入同一类中，不要根据一时的需要随意更改，以免给将来的查找利用带来不便。

3. 保管期限分类法

保管期限分类法就是根据划定的不同保管期限对归档文件进行分类，即将不同保管期限的归档文件分开。采用保管期限分类法，能够将不同价值的归档文件从实体上区分开来，使档案部门能够有针对性地采取整理和保护措施，同时为库房排架、档案移交进馆和到期档案鉴定等管理工作提供便利。

按保管期限分类排列可能使同一事由的不同归档文件因价值不同而分盒和分架保管，这就要求发挥计算机辅助管理的作用，实现相关文件的族性检索；在手工管理条件下，可通过编制专题目录提高检索效率。

有的单位归档文件整理中还采用了级别、文号等分类方法。实践证明，无论级别、文号还是其他分类方法，都不足以反映归档文件形成的客观规律，反而会割裂归档文件之间的历史联系，造成同一事由文件的分散，从而违背“事由原则”。实际工作中，使用级别或文号这两种分类方法的机关都存在着提供利用方面的困难。因此《规则》没有推荐使用除年度、保管期限和机构、问题之外的其他分类方法。

二、复式分类法及其分类方案

在实际工作中，当归档文件数量较多时，分类工作需要分层进行，单纯采用一种分类方法的情况是比较少见的，较多的是将几种分类方法结合使用，称之为复式分类法。复式分类法的分类方案是依据确定的分类法，分层标列类目名称，以固定全宗内归档文件类别的分类体系。这是机关档案工作的基础，也是归档文件整理的重要依据。下面列举几种常用的复式分类法，并对相应的分类方案加以说明。

1. 年度—机构—保管期限分类法

即先将归档文件按年度分类，每个年度下按机构分类，再在机构下按保管期限分类。这种分类方法适用于内部机构设置比较稳定的立档单位。此方法适宜于推行部门整理归档的机关单位，《规则》将其列入条文中推荐采用。此时分类方案为：

2010 年：办公室……永久、30 年、10 年
　　　　馆室司……永久、30 年、10 年
　　　　法规司……永久、30 年、10 年
　　　　……
2011 年：办公室……永久、30 年、10 年
　　　　馆室司……永久、30 年、10 年
　　　　法规司……永久、30 年、10 年

……

2012 年：……

与此类似的还有年度—保管期限—机构分类法。

2. 年度—问题—保管期限分类法

即先将归档文件按年度分类，每个年度下按问题分类，再在问题下按保管期限分类。这种分类方法多用于内部机构复杂多变，或由于机构之间分工不明确、文书工作不正规等原因难以区分文件所属机构，以及没有内部机构或内部机构非常简单等情况。此时分类方案为：

2010 年：党群类……永久、30 年、10 年
　　　　业务类……永久、30 年、10 年
　　　　行政类……永久、30 年、10 年
2011 年：党群类……永久、30 年、10 年
　　　　业务类……永久、30 年、10 年
　　　　行政类……永久、30 年、10 年
2012 年：……

与此类似的还有年度—保管期限—问题分类法。

3. 年度—保管期限分类法

即先将归档文件按年度分类，再在年度下按保管期限分类。这种分类方法适用于内部机构设置简单的基层单位或规模较小的机关，或者每年形成文件数量少的机关。此方法被《规则》列入条文中推荐采用。此时分类方案为：

2010 年：永久、30 年、10 年

2011 年：永久、30 年、10 年

2012 年：……

4. 保管期限—年度—机构分类法

即先将归档文件按保管期限分类，每个保管期限下按年度分类，再在年度下按机构分类。这种分类方法同样适用于内部机构设置比较稳定的立档单位。此时分类方案为：

永久：2010 年　办公室、馆室司、法规司……
　　　2011 年　办公室、馆室司、法规司……
　　　2012 年　……
30年：2010 年　办公室、馆室司、法规司……

2011 年　办公室、馆室司、法规司……
2012 年　……
10 年：2010 年　办公室、馆室司、法规司……
2011 年　办公室、馆室司、法规司……
2012 年　……

与此类似的还有保管期限—机构—年度分类法。

5. 机构—年度—保管期限分类法

即先将归档文件按机构分类，每个机构下按年度分类，再在年度下按保管期限分类。这种分类方法适用于内部机构基本固定或少有变化的立档单位以及撤销机关的文件整理归档工作。此时分类方案为：

办公室：2010 年……永久、30 年、10 年
2011 年……永久、30 年、10 年
2012 年……永久、30 年、10 年
馆室司：2010 年……永久、30 年、10 年
2011 年……永久、30 年、10 年
2012 年……永久、30 年、10 年
法规司：……

与此类似的还有机构—保管期限—年度分类法。

6. 保管期限—年度—问题分类法

即先将归档文件按保管期限分类，每个保管期限下按年度分类，再在年度下按问题分类。这种分类方法同样适用于不宜按机构分类的情况。此时分类方案为：

永久：2010 年……党群类、业务类、行政类……
2011 年……党群类、业务类、行政类……
2012 年……
30年：2010 年……党群类、业务类、行政类……
2011 年……党群类、业务类、行政类……
2012 年……
10年：2010 年……党群类、业务类、行政类……
2011 年……党群类、业务类、行政类……
2012 年……

与此类似的还有保管期限—问题—年度分类法。

7. 问题—年度—保管期限分类法

即先将归档文件按问题分类，每个问题下按年度分类，再在年度下按保管期限分类。此方法适用于撤销机关的文件整理归档工作或历史档案整理工作。此时分类方案为：

党群类：2010 年……永久、30 年、10 年

2011 年……永久、30 年、10 年

2012 年……

业务类：2010 年……永久、30 年、10 年

2011 年……永久、30 年、10 年

2012 年……

行政类：……

与此类似的还有问题—保管期限—年度分类法。

8. 保管期限—年度分类法

即先将归档文件按保管期限分类，再在保管期限下按年度分类。这种分类方法同样适用于内部机构设置简单的基层单位或规模较小的机关，或者每年形成的文件数量少的机关。此时分类方案为：

永久：2010 年、2011 年、2012 年……

30年：2010 年、2011 年、2012 年……

10年：2010 年、2011 年、2012 年……

三、分类法的选择

分类方案是分类工作的依据，因此应保持相对稳定，以保持分类体系的连续性，便于查找利用。但在实际中，随着工作的发展，机关各方面情况可能发生变化，整理归档文件时也可以对分类方案的不合理之处加以调整，但须防止分类方案频繁变更。确需调整时，最好从一个新的阶段开始，不要将已整理好的归档文件打乱重整，或者与原方案交叉进行，以免引起分类体系的混乱。此外，对分类方案的调整情况，应在全宗指南中说明，以便档案管理前后工作的衔接。

选择几级分类，需要从简化整理和便于利用两方面进行综合考虑：规模较大的机关如国务院部委一级机关，文件形成量大，如果不分机构，“件号”必须等到年终文件归档齐全后才能确定，因而不利于档案人员以“随办随归”的方式进行归档文件整理，造成工作量的积压。即使机关档案室有

能力承担集中整理的工作量，由于这种分类方案没有体现出归档文件在组织机构或问题方面的形成规律和历史联系，也会给今后的档案管理和提供利用造成困难，因此，规模较大的机关无论选择在哪个环节整理归档文件，都不宜选择“年度—保管期限”两级分类。

《规则》5.2.2、5.2.3 规定，归档文件一般采用年度—机构（问题）—保管期限、年度—保管期限—机构（问题）等方法进行三级分类。规模较小或公文办理程序不适于按机构（问题）分类的立档单位，可以采取年度—保管期限等方法进行两级分类。从《规则》条文分析，《规则》并不严格限定年度、保管期限、机构（问题）在组合成复式分类法时的先后顺序，但对三种分类方法的可选择性作出了规定。其中，年度、保管期限是必选项，也就是任何机关整理归档文件都必须分年度、分保管期限进行。机构（问题）作为选择项，是因为在基层单位或规模较小的机关，每年形成的文件数量少，或者内部机构设置简单，这种情况下无须再按机构（问题）进一步细分；而在大的机关，文件一般由各文书处理部门分工整理归档，机构（问题）则往往是必选项。

不过，从多年的实践来看，虽然分类法和分类方案存在多种可能性，但是各地区、各部门采用的分类方案已经日趋相同，进行三级分类的，一般采用年度—机构（问题）—保管期限、年度—保管期限—机构（问题）等方法进行分类，其中又以年度—机构（问题）—保管期限分类方法最为常见；规模较小或公文办理程序不适于按机构（问题）分类的立档单位，一般采用年度—保管期限、保管期限—年度等方法进行两级分类，其中以年度—保管期限分类方法也最为常见。由此，根据《规则》要求，推荐各地区、各部门优先采用如下分类法：

- 年度—机构（问题）—保管期限
- 年度—保管期限—机构（问题）
- 年度—保管期限

需要说明的是，选择复式分类法要严格按逻辑规则设置类目，同一分类层次只能采用一种分类方法，遵循同一分类标准，否则就会违背分类的原则，影响档案的科学管理和检索利用。如某局采用了“年度—机构—保管期限”的方法制定分类方案，但档案部门考虑到本局每年召开的全国性会议有重要意义，又在局内第一个组织机构“办公厅”之前增加了“会议类”，专门来容纳大型会议形成的文件材料。这样，分类方案中在同一分类层次中既出现了按机构分类，又出现了按问题分类。会议类中的文件本来与各部门业务有关，但被单独抽出放入会议类，它们与业务部门其他相关文件之间的有机联系就被割断了。这种做法使分类体系不能正确反映机关工作的真实面貌，势必给今后的档案管理和提供利用工作造成困难。正确的做法就是取消“会议类”，把该类目中各个会议的归档文件，按照会议主办部门或承办部门的不同，分别归入相应部门的类目中。

第四节 排 列

通过分类和归类，归档文件整体上具有了一定的系统性，但具体到每一类仍处于无序状态，需要通过排列进一步条理化和系统化。归档文件的排列是指在分类方案的最低一级类目内，根据一定的方法确定归档文件先后次序的过程。

一、排列原则

《规则》5.3 规定，归档文件应在分类方案的最低一级类目内，按时间结合事由排列。同一事由中的文件，按文件形成先后顺序排列。会议文件、统计报表等成套性文件可集中排列。同原《规则》“按事由结合时间、重要程度等排列”相比，修订后的《规则》根据实践经验对排列原则进行了简化，使之更加符合办公自动化条件下归档文件的整理。《规则》强调以时间要求为主，同时结合事由进行排列，不再将难以判定的重要程度作为排列标准。

所谓事由，是一个比较原则性的概念，可以是指一件具体的事，或一个具体的问题，或一段较紧密的工作过程等等。通过界定事由，可以使密切相关的文件从实体上相对集中，进一步体现出最低一级类目内归档文件之间的有机联系，方便检索利用。事由的界定可以有较大的灵活性。例如，一次请示或报告，批复收到后，就可视为事由办理完毕；一项工程、一次活动或一次会议，可以视为一个事由；一项工作如果办理时间长需要跨年度，为了及时归档，也可以按不同阶段分为几个事由；一次会议，也可以分为筹备、开幕、不同议程、闭幕等几个事由。事由的具体划分尺度，由整理者根据办理时间的长短、形成文件的数量以及文书处理程序不同等，本着便于整理和利用的原则自行掌握，《规则》未作统一规定。

按事由排列归档文件，是“遵循文件的形成规律，保持文件之间的有机联系”这一整理原则的体现。按公文办理过程的先后顺序，将同一事由形成的文件排列在一起，可以客观地反映出某一事由的发生、发展、结束的全过程，反映出这些文件之间的客观联系。文件间在同一具体事件上的这种有机联系，对充分体现文件的价值，尤其是凭证价值是十分必要的，而这种有机的历史联系是现有条件下任何人工智能都无法模拟的。如果不是人为地在文件形成过程中加以记录或描述，或在信息整序过程中加以处理（将同一事由的文件排列在一起），那么随着时间的推移，这种历史联系就模糊、淡化，割裂文件之间的相关性。需要强调的是，由于事由界定有较大的灵活性，在实际操作中要注意掌握好“度”，不能任意扩大事由的概念，否则会混淆分类层次，降低整理质量。

二、排列方法

《规则》要求归档文件按时间结合事由的原则进行排列。同一事由中的文件，按文件形成先后顺序排列。会议文件、统计报表等成套性文件可集中排列。在实践中，要实现这种排列原则，需要两步，即先按照事由将属于同一事由的文件按时间顺序排列在一起，再按时间顺序对不同事由的文件进行排列。可以从以下几个方面理解归档文件的排列原则：

- 在分类方案的最低一级类目内进行归档文件排列；
- 同一事由的归档文件应集中排列在一起；
- 同一事由内归档文件按照文件形成时间顺序排列；
- 不同事由的归档文件应按照时间顺序排列；
- 会议文件、统计报表等成套性文件可集中排列。

1. 这里的“分类方案的最低一级类目”，是指分类时所确定的类目体系中设在最低一级的类目，例如按照“年度—机构—保管期限”分类，“保管期限”即为最低一级类目。

2. 同一事由内的归档文件排列。同一事由内归档文件的排列，最简单的方法是按文件形成时间的先后顺序，日期在前的归档文件排列在前，日期在后的文件排列在后。

3. 不同事由间的归档文件排列。不同事由归档文件应按不同事由形成时间，即事由的办结时间的先后顺序排列。这种方法只要求将不同事由的文件，按其办结时间的先后顺序排列，而不必考虑其他因素。在计算机检索条件下，归档文件在事由间如何排序，对检索效率基本无影响。因此，《规则》在坚持按事由进行排列的情况下，充分考虑“随办随归”整理方式，提出以文件形成时间作为事由间系统排列的参考依据。这种方法易于理解，操作简单，一般同一事由的文件办理完毕后，就可以将相关文件整理完毕归档保存。这样，不同事由的归档文件自然就按照形成时间的先后顺序排列起来。采用年终集中整理的机关，也可以按事由办结时间排列不同事由的文件。

4. 此外，《规则》强调指出，“会议文件、统计报表等成套性文件可集中排列”。这里的“成套性”是指某些事由所形成的文件彼此间联系比较松散，但这些事由间则有着较密切的联系。例如，一次会议往往包括许多事由，它们形成的文件在时间上可能跨度很大，但表现出较强的系统性，利用时需要相互参照、查证，集中排列更方便检索。统计报表、内部刊物等在形式上较为特殊，成套利用的情况也较普遍，因此也宜于集中排列。

三、其他排列方法

《规则》对于归档文件排列方面的修订依然秉承了“简化整理”的理念，文件基本按照形成时间顺序排列，大大降低了文件排列工作的复杂度。但是不可否认的是，这种排列方法更适合于档案信息化管理较为成熟的地区和部门。对于仍以手工整理为主，或者信息化管理处于档案辅助管理阶段的地区或部门，为了确保归档文件利用时的查全率和查准率，可以继续参考使用以下几种排列方式：

1. 按事由的重要程度排列

将主要职能或重要活动形成的文件排在前面，其他工作形成的文件材料排在后面，或将综合性工作排在前面，具体业务工作排在后面。例如，某局法规处，可将本年度通过的各项法规文件的相关材料排在前面，然后再排监督检查等其他工作形成的文件材料。

2. 按事由具有的共同属性分别集中排列

（1）按责任者或承办部门分别集中排列。例如设司的机关，一般以司为单位整理归档，不同事由的归档文件进行排列时，可以将不同处（室）形成的文件分别集中排列。

（2）按照不同问题分别集中排列。采用此方法，一般都是为了在手工管理条件下为检索提供更多的方便。这里的问题是指小问题，与文书立卷时分类方案中的细类比较相似，比如同一机构的不同职能。此类问题相对固定时，机关档案部门可事先规定各问题间排列的先后顺序。例如，机关人事部门，可以将干部调配、职称评定、出国审查等问题所属的不同事由形成的文件分别集中排列。

实际工作中，由于种种原因，往往会有一些文件没有按规定时间移交档案部门。对于这些零散文件，应视不同情况进行处理。如将零散文件排在相应类别的最后，或与相关的某件归档文件装订成一件等等。但这些都只是补救措施，应尽量避免使用。

总之，在信息化条件下，减少归档文件排列的复杂性，是《规则》简化整理精神的集中体现。从实际工作情况来看，放宽对排列的要求，在文件形成量较大的机关，借助计算机检索，完全可以实现归档文件的快速、有效检索利用；在归档文件数量较少的机关，由于有了科学、系统的排列，即使没有计算机辅助，检索也不会存在困难。

第五节 编 号

编号是指归档文件按分类方案和排列顺序编制档号。档号是在文件整理过程中赋予的，体现整理规则并包含归档文件类别、排列顺序等要素的一组数字、字符的集合。编制档号是对档案进行规范管理的基本要求，也是对不同类型档案进行统一管理的重要前提。档号能够反映档案的基本属性，指示档案在全宗中的位置，在以件为单位进行档案管理的情况下，为归档文件确定唯一、合理的档号既便于管理，又能够在不同载体档案之间建立联系，为后续进行多样式、高水平的档案资源开发奠定基础。

一、档号编制原则

1994 年发布的《档号编制规则》（DA/T 13－94）是规范档号编制的一项重要标准。该标准规定的档号编制规则适用于传统立卷方法整理的档案，但并不完全适用归档文件的档号编制。不过，该规则确定的唯一性、合理性、稳定性、扩充性、简单性原则以及基本的编制方法是比较科学、合理的。

1. 唯一性原则

档号应指代单一，不同编号对象应赋予不同代码，一个代码只表示一个编号对象。也就是说，一个档号只能对应一件归档文件，具有唯一性，不能出现重复现象。

2. 合理性原则

档号结构必须与归档文件的整理分类体系相适应。档号保持完整，不随意增加或减少某种代码。

3. 稳定性原则

档号一经确定，一般不应随意改变。对必须改变的档号，应在归档文件目录及所有相关检索工具、数据库中做出同步修改。改变档号时，还应注明原档号。

4. 扩充性原则

档号必须留有适当的递增容量，以便适应档案不断扩充的需要。

5. 简单性原则

档号力求简短明了，以便减少代码差错，节省存贮空间，提高处理效率。

二、档号的结构

《规则》在规划归档文件的档号时，借鉴了《档号编制规则》中的合理部分，并尽量与传统立卷方法整理的档案的档号以及照片、录音、录像等其他形式档案的档号相衔接。

1. 考虑到馆室衔接便利，《规则》以“年度—保管期限—机构（问题）”分类法为基准，提出的档号基本结构为：

全宗号－档案门类代码·年度－保管期限－机构（问题）代码－件号

其中，档号左边为上位代码，右边为下位代码。上、下位代码之间用短横线“－”连接，同一级代码之间用间隔号“·”隔开。

即：

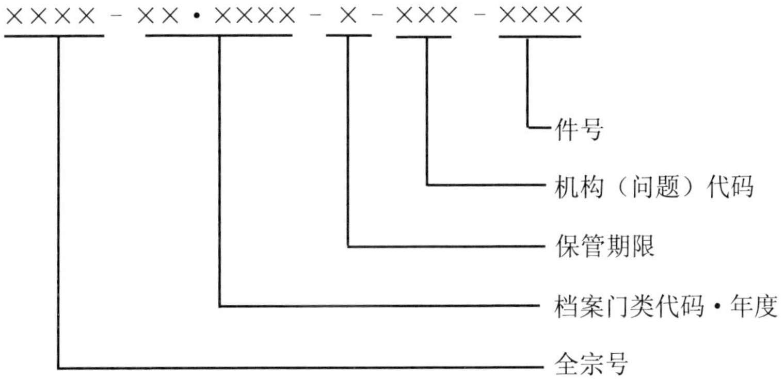

比如：Z109－WS·2011－Y－BGS－0001。

2. 规模较小或公文办理程序不适于按机构（问题）分类，从而采取“年度—保管期限”分类方法的，应在档号基本结构的基础上，省略机构（问题）代码，其档号结构为：

全宗号－档案门类代码·年度－保管期限－件号

即：

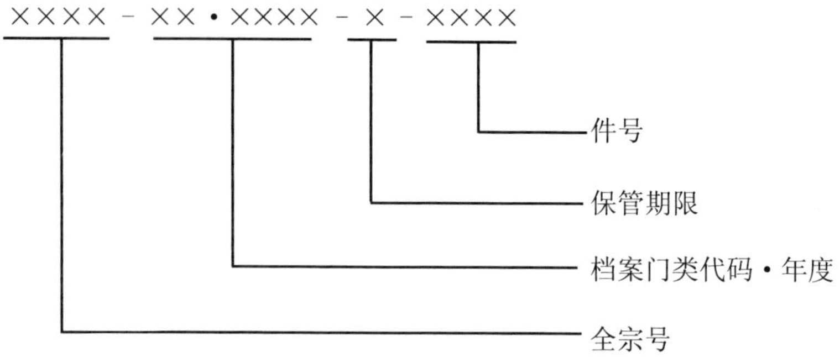

比如：Z109－WS·2011－Y－0001。

3. 为满足电子文件整理、纸质档案数字化时的特殊要求，有些单位使用子件号的概念。建议档号的基本结构为：

全宗号－档案门类代码·年度－保管期限－机构（问题）代码－件号·子件号

即：

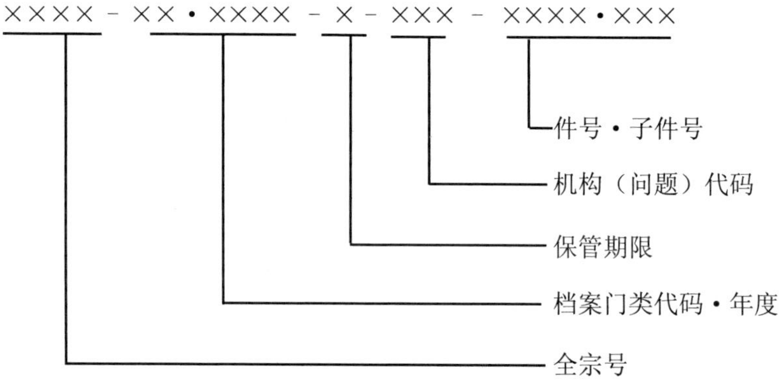

比如：Z109－WS·2011－Y－BGS－0001·001。

需要特别说明的是，采用其他分类方法进行归档文件整理的，其档号可以采用上述档号结构，也可以综合考虑分类方案、进馆需求等对档号结构进行相应调整，但要保证构成档号的要素齐全。而且，考虑到数据互通共享的需要，一般建议一定区域内的档号结构保持一致。

三、档号编制方法

1. 全宗号

全宗号是档案馆给立档单位编制的代号，用 4 位数字或者字母与数字的结合标识，按照《档号编制规则》编制。全宗号原则上由数字组成，也可采用字符 + 数字的方式编制，其中字符为全宗属性代码。全宗号不足 4 位的，应在全宗号前补零，如 21 全宗，在档号中应为 0021。全宗号第一位为全宗属类代码，且全宗号不足 3 位的，应在全宗属类代码之后、数字前补零，如 A12 全宗，在档号中应为 A012。

2. 档案门类代码

归档文件的档案门类代码由“文书”2 位汉语拼音首字母“WS”标识。其他门类档案，比如照片、录音、录像、科技、专业档案，参照《规则》进行整理时，其门类代码可以分别设置为“ZP”、“LY”、“LX”、“KJ”、“ZY”，科技、专业门类需要复分的，应参照《科学技术档案案卷构成的一般要求》（GB/T 11822 - 2008）和国家基本专业档案目录执行。

3. 年度

年度为文件形成年度，以 4 位阿拉伯数字标注公元纪年，如“2010”。

4. 保管期限

保管期限是指机关文书、业务部门或档案部门在整理归档文件时，按照文书档案保管期限表给归档文件划定的保管期限。按照国家档案局《机关文件材料归档范围和文书档案保管期限规定》，保管期限分为永久、定期两种，定期一般分为 30 年和 10 年。保管期限永久、定期 30 年、定期 10 年，分别以代码“Y”、“D30”、“D10”标识。如果档案整理中使用其他年度的定期保管期限，其保管期限代码为“D + 年度”。如定期 5 年标识为 D5，定期 15 年标识为 D15。

5. 机构（问题）代码

机构（问题）代码采用 3 位汉语拼音字母或阿拉伯数字标识，如办公室用“BGS”等。归档文件未按照机构（问题）分类的，应省略机构（问题）代码。

6. 件号

件号是单件归档文件在一个保管期限下排列的顺序号，用 4 位阿拉伯数字标识，不足 4 位的，前面用“0”补足，如“0026”。

件号应在分类方案的最低一级类目内，按文件排列顺序从“0001”开始标注。以采用“年度—机构—保管期限”进行分类为例，件号应在同一年度内、同一组织机构的一个保管期限内从“0001”开始逐件流水编号。例如，办公室 2010 年形成的永久、30 年、10 年 3 个保管期限的归档文件，编号后形成 3 个流水号，即永久的从“0001”开始编一个流水件号，30 年的从“0001”开始编一个流水件号，10 年的也从“0001”开始编一个流水件号。

子件号是多份文件作为一件归档文件情况下，件内单份文件排列的顺序号。子件号用 3 位阿拉伯数字标识，不足 3 位的，前面用“0”补足，如“001”。需要编制子件号的，在一件归档文件内，按照文件排列顺序从“001”开始逐份文件标注。

四、归档章

归档章是纸质文件材料归档的标志，也是档号在纸质文件材料上的具体体现。在电子文件上，可以由系统生成归档章样式或以条形码等其他形式在归档文件上对档号进行标识，不过，这种标识并不是必备的，各地区、各部门可以在不增加整理负担的前提下（比如电子文件本来就具备条形码等），根据具体情况灵活规定。

1. 归档章样式

《规则》5.4.5 规定，归档章应将档号的组成部分，即全宗号、年度、保管期限、件号，以及页数作为必备项，机构（问题）可以作为选择项。

在样式上，《规则》维持六格章样式不变，规格为长 45mm，宽 16mm，分为均匀的 6 格，如图 3－5 所示。全宗号、年度、机构或问题、保管期限四个项目在归档章的位置也保持不变。由于室编件号和馆编件号合二为一，把室编件号改为件号，去掉了馆编件号，空出的位置设置为页数项，以方便对归档文件页数进行监督查验。在填写这些项目时，应严格按照各个项目在归档章上的位置进行，不可随意调换位置，以方便识读，便于档案的管理和利用。

为贯彻“简化整理”的理念，一般不建议在归档章上增加其他额外项目，以免给整理工作带来不必要的负担。

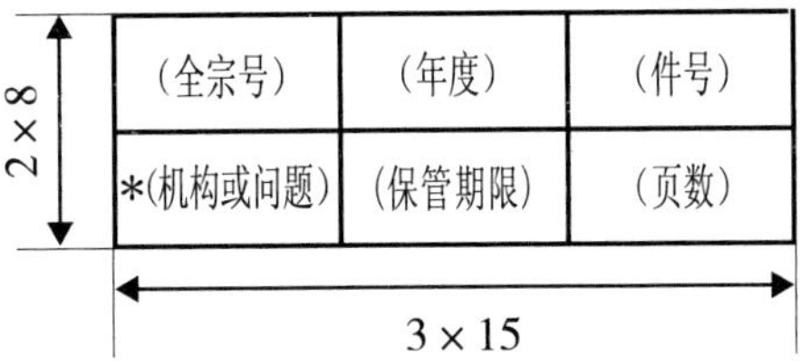

单位：mm 比例：1:1

图 3－5 归档章式样

需要说明的是，图中加注括号的文字为提示性文字，是用来说明各编号项目在归档章中的位置，实际制作归档章时无须刻出，以减小归档章的大小，节省归档章占用的空间。其中标有“＊”号的机构或问题项为选择项，不按机构（问题）分类的，归档章上相应位置直接留空即可。对于归档章的材质和外形，《规则》中没有加以规定，各单位可以方便使用为原则自主选择。

2. 盖章要求

在纸质文件材料中，归档章需要逐件标识在每一件归档文件上，以明确归档文件在全宗中的“坐标”。在归档文件整理各环节中，加盖归档章可能是工作量相对较大的部分，但只有借助归档章上项目的提示，才能保证归档文件借阅后的正确归位，因此也是必不可少的整理环节。

（1）盖章位置

归档章一般应加盖在归档文件首页上端居中的空白位置。如果领导批示或收文章等占用上述位置，可将归档章盖在首页的其他空白位置，但以上端为宜。归档章不要压住文件字迹，也不宜与批示文字或收文章等交叉。

文件首页确无盖章位置或重要文件须保持原貌的，也可在文件首页前另附纸页加盖归档章。光荣册等光面印刷文件材料，首页无法盖章，也无法在文件首页前另附纸页，可在材料内第一页上端的空白位置加盖归档章。统计报表等横式文件，在文件右侧居中位置加盖归档章。

（2）填写要求

前已述及，归档章是档号在纸质文件材料上的具体体现。因此，归档章的填写与档号编制规则密切相关。

在归档章填写项目中，全宗号、年度、保管期限、件号为必备项，按照本节档号编制规则的有关要求填写。需要注意的是，有些新组建单位或暂未列入档案馆接收计划的单位，同级综合档案馆未给定全宗号的，可将“全宗号”项空置，留待档案馆给定全宗号后再行填写。

页数也是必备项，为归档文件中有字页面的数量，用阿拉伯数字标识。

机构或问题为选择项，同样按照本节档号编制规则的有关要求填写（见图 3－6）。

Z109	2011	1
BGS	Y	45

图 3－6 归档章示例一

不过，为便于识记，归档章保管期限也可以使用“永久”“30 年”“10 年”简称标识，机构（问题）也可以用“办公室”等规范化简称标识。使用机构简称的，要保证机构简称是按照分类方案，作为分类方案类目名的机构名称。如机构名称太长，可使用机关内部规范简称，如政策法规司可简称“政法司”，经济贸易处可简称为“经贸处”，不使用“一司”、“一处”等难以判定的简称。在全宗指南中，应将机构名称与相应简称加以对照说明。使用问题简称的，则可根据分类方案，直接填写“党群”、“行政”、“业务”等（见图 3－7）。

Z109	2011	1
办公室	永久	45

图 3－7 归档章示例二

填写归档章项目时应使用符合档案保护要求的字迹材料，如碳素墨水、耐久性好的签字笔等，也可使用打号机打号。禁止使用圆珠笔、铅笔、纯蓝墨水等不耐久的书写材料进行填写。归档章中有些项目比较固定，如全宗号、保管期限、机构（问题）等，有条件的单位可以直接刻在归档章上进行加盖，以减少填写项目的工作量。

第六节　编　目

编目是指编制归档文件目录。编目是归档文件整理工作的重要内容之一，也是其他各种编目工作的起点和基础。如果说档号是归档文件的“身份证”，归档文件目录就是归档文件的“户口簿”。编制归档文件目录，实现了归档文件从一次文献向二次文献的初步转化，为档案的保管、鉴定、检索、统计和编研等工作的开展提供了基本条件。

一、总体要求

1. 能够准确反映分类和排列方法

归档文件目录编制以系统化工作为前提，以反映全宗内归档文件的体系结构和排序为目的，因而，目录编制应按照分类、排列的结果进行，编制完成的目录应该能够准确反映分类体系和排列方法。

2. 按照档号顺序编制

《规则》规定，归档文件应依据档号顺序编制归档文件目录。

3. 逐件编制

按照《规则》规定，编目应以件为单位进行，在归档文件目录中一件只体现为一条条目。如来文与复文作为一件时，对复文的编目应体现来文内容，以方便文件检索。

4. 体现为纸质目录和电子目录两种形式

在信息化条件下，归档文件目录不仅仅体现为纸质目录，同时也体现为电子目录，既方便手工查阅、档案交接，又方便计算机检索。目录表格采用 A4 幅面，能够兼顾纸质和电子两种形式。

5. 数据规范

《规则》推荐由系统生成或使用电子表格编制目录。使用电子表格或者文字处理软件进行归档文件目录编制的，项目内容应直接输入完成，不加入空格、软回车或硬回车，以免影响数据完整性，给数据检索带来麻烦。比如，日期“20140117”不能在中间加空格或软、硬回车变成“2014
0117”

样式。

二、归档文件目录项目

归档文件目录包括序号、档号、文号、责任者、题名、日期、密级、页数、备注等项目，其中序号、档号、责任者、题名、日期、页数为必填项，文号和密级为条件必填项，备注为选填项。这些项目完整地包含了构成一份文件的要素，概括了归档文件内容和形式方面的各种特征，能够为利用者提供较完备的检索渠道。正确完整地编制归档文件目录各项目，关系到条目的可靠性和实用性，也决定了归档文件目录的质量。因而在进行归档文件编目时一定要认真、细致，力求做到全面、准确地反映归档文件的特征，为检索、利用奠定良好的基础。各项目具体填写要求如下：

1. 序号

序号即归档文件顺序号，用来配合档号固定归档文件先后顺序，并对归档文件数量进行简单统计。序号用阿拉伯数字填写。每册归档文件目录的序号应从“1”开始逐条编制。

2. 档号

档号填写要求参见本章第五节。

3. 文号

文号即发文的字号，是由发文机关按发文次序编制的顺序号，一般由机关代字、年度、发文顺序号组成，如档办〔2010〕8号，即国家档案局办公室2010年第8号文件。填写文号项时应照实抄录，代字、年度、发文顺序号都不能省略。没有文号的归档文件，此栏目空置即可，不填写诸如“会议文件之一”等文件顺序号或“情况反映”等刊物名称。

需要注意的是，文号中的年度用六角括号“〔〕”括入，不使用方括号“[]”或实心方头括号“【】”。

4. 责任者

责任者是指制发文件的组织或个人，即文件的发文机关或署名者。责任者可以是一个机关或机关内部的一个机构，也可以是几个机关，或者是一个人或若干人，它是文件的组成部分，也是文件重要的外形特征，对于确定文件来源有着重要的作用，是检索利用档案的重要途径。

（1）填写责任者项时应使用全称或通用简称，不使用“本部”、“本局”、“本公司”等含义不明、难以判断的简称。

（2）联合发文时一般应将所有责任者照实著录，责任者过多时可适当省略，但应注意：一是立档单位是责任者的必须著录，以体现“以我为主”的归档原则；二是文号所代表的机关必须著录。

（3）个人作为责任者的文件材料，责任者应著录个人责任者。个人责任者著录时应在姓名后著录职务、职称或其它职责，并加“（　）”号。文件所署个人责任者有多种职务时，只著录与形成文件相应的职务。不能使用“王局长”等含义不明的责任者。少数民族个人责任者称谓各民族有差异，著录时，应依照该民族的署名习惯著录。外国责任者，姓名前应著录各历史时期易于识别的国名简称，其后著录统一的中文姓氏译名。必要时著录姓氏原文和名的缩写。国别、姓氏原文和名的缩写均加“（　）”号。如：（美）爱因斯坦（Einstein，A.）。

（4）机关内部文件等“白头文件”，由于各种原因，常会出现未署责任者的情况，编目时应尽量根据文件内容、形式等特征加以考证并著录。

（5）多人的介绍信（存根）组成一件时，责任者应著录本机关全称或不发生误解的通用简称。

（6）多份简报组成一件时，责任者应著录本机关全称或通用简称。

5. 题名

题名即文件标题。题名直接表达文件内容和中心主题的文件特征，是了解归档文件内容的关键项目，是最重要的检索途径。完整的题名由责任者、事由、文种3个部分组成，例如《××局关于加强档案安全保管的通知》。也有许多文件将发文机关放在文头中说明，标题直接由事由和文种构成。

在填写题名时，一般以照实抄录为原则，如果存在没有标题、标题不规范，或者标题不能反映文件主要内容、不方便检索等情况的，应全部或部分自拟标题。自拟内容应外加方括号“[　]”，以与原标题内容相区隔。

在实践中，除一般情况外，还存在一些较为特殊的情况，处理方法如下：

（1）没有标题、标题不规范

文件没有标题或者标题不规范的，应该按照“责任者+事由+文种”结构部分或全部自拟标题，自拟内容外加方括号“[　]”。比如“关于加强汛期档案安全保管的紧急通知”应该拟写为“[××档案局] 关于加强汛期档案安全保管的紧急通知”。

（2）标题不能反映文件主要内容

这类问题主要集中在人事任免通知、会议记录和通报等文件材料的题名中。对于标题不能反映文件主要内容的，应该部分或全部自拟标题，自拟内容外加方括号“[　]”，以便于之后的检索使用。

在包含多人的人事任免中，标题如果只出现其中一人，应全部或部分拟写题名。比如，“××局关于×××等3位同志职务任免的通知”就应该拟写为“××局关于×××［×××、×××］等3位同志职务任免的通知”。

会议记录标题不包含会议主要内容的，也应部分或全部拟写题名。比如，“会议记录”应拟写为“会议记录［研究档案库房安全设施改造方案］”。

通报不包含通报主要内容的，同样应部分或全部拟写题名。比如“××市档案局通报”就应该拟写为“××市档案局［关于市直机关档案管理情况的］通报”。

（3）存在副题名或并列题名

有的文件除了正题名以外，还有副题名或并列题名。副题名是指文件标题中破折号或冒号后面的部分，对正题名进行解释说明；并列题名一般指以其他语言文字书写的题名。一般来说，同时存在正题名、副题名的，填写时照实抄录即可。比如“强化目标管理，推动机关档案工作发展——××同志在机关档案工作会议上的讲话”，在填写题名时应一并抄录。不过，如果正题名能够完整反映文件内容时，副题名也可以不抄录。而对于同时存在正题名、并列题名的，填写时应一并抄录，不能简略。

（4）来文与复文作为一件

来文与复文作为一件时，对复文的编目应体现来文内容。编制题名时除照实抄录复文标题外，还应增加“及请示”、“及函”字样，外加方括号“[　]”。比如“××局关于档案室建设规模的批复[及请示]”。

（5）附件独立性较强或单独作为一件

原则上，正文与附件为一件时，编制题名不需要考虑附件标题情况。不过，在特殊情况下，有些文件的附件独立性较强，或者附件是正文的重要补充和说明，如果在题名中只体现正文标题而不反映附件内容，可能造成漏检。比如在发布制度规定时，通知正文是实施意见，而附件则是具体的制度规定，在这种情况下，应该在正件标题后抄录附件标题，外加方括号“[　]”。比如“关于进一步加强我市精神文明建设的决定[附件：市民公约]”。有多个附件的，附件之间用“;”隔开，比如“关于发布《数字档案室建设指南》的通知［附件 1：数字档案室建设指南；附件 2：重点问题解答］”

附件单独作为一件的，填写题名时应在附件标题前抄录正文标题，外加方括号“［　］”号，并注明“附件”字样。比如“［关于进一步加强我市精神文明建设的决定］附件：市民公约”。有多个附件的，应一一在附件标题前抄录正文题名，外加方括号“［　］”，并注明“附件 1”、“附件 2”等字样。比如“［关于发布《数字档案室建设指南》的通知］附件 1：数字档案室建设指南”。

（6）定稿、历次修改稿单独作为一件

定稿、历次修改稿分别作为一件时，在照实抄录文件标题外，还应注明稿本性质，比如定稿、第×次修改稿、××领导修改稿等，外加方括号“［　］”。比如“××局十三五档案事业发展规划［定稿］”。

（7）多次会议记录组成一件时，题名格式为：责任者 + 起止时间 + 会议记录名称，外加方括号“［　］”。如：“［××局 2014 年 1 至 4 月局长办公会议记录］”。

（8）多人的介绍信（存根）组成一件时，题名格式为：责任者 + 起止时间 + 介绍信（存根）名称，外加方括号“［　］”。如：“［××局 2014 年干部调入介绍信］”

6. 日期

日期是文件的重要特征之一，反映文件产生的时间背景，是查找档案的常用途径。文件的日期即文件的形成时间（落款时间），多份文件作为一件的，以第一份文件的日期为准。具体填写日期项时应以 8 位阿拉伯数字标注年、月、日，月、日不足两位的在左侧补零。如 2014 年 1 月 17 日，标注为 20140117。未注明日期的文件，编目时应根据文件内容加以考证并填写，确实无法考证的，其日期可以以归档年度为文件年度，月、日用零补足，比如 20140000。

7. 密级

密级为《规则》新增加的编目项目。密级应依据文件实际标注情况，按照《档案著录规则》（DA/T 18 - 2009）要求填写汉语拼音代码或汉字代码，如“机密”或“JM”。文件明确标注保密期限的，应同时填写保密期限，如“机密 1 年”或“JM1 年”。对已升、降、解密的文件，应填写新的密级。归档文件没有密级的，此项目留空即可。

8. 页数

页数项填写一件文件的总页数，用于统计和核对。（也称为有效页）计算页数时以文件中有图文（指与文件内容相关的文字、图画等）的页面为一页，空白页不计。大张的文件或图表折叠后，仍按未折叠前有图文的页面数计算页数。来文与复文、正本与定稿等作为一件时，统计页数应将构成该件的各文件页数相加作为该件的页数，如关于××问题的请示和批复分别为4页和1页，作为一件时，该件页数应为5页。

9. 备注

备注项用于填写归档文件需要补充和说明的情况，包括开放等级、缺损、修改、补充、移出、销毁等等。对备注项目的填写应严加控制，以免使目录条目杂乱不堪。另外，如果有些条目需说明的情况较多，备注栏难以填写时，可在备注栏中加注“*”号，将具体内容填入备考表中。

三、归档文件目录格式

1. 归档文件目录样式及示例

《规则》5.5.3、5.5.4规定，“归档文件目录推荐由系统生成或使用电子表格进行编制。目录表格采用A4幅面，页面宜横向设置。归档文件目录除保存电子版本外，还应打印装订成册。装订成册的归档文件目录，应编制封面。”

《规则》以图例的形式进行了说明。图3－8所示为归档文件目录的一般样式，包括目录表头、目录表格形式、各项目在目录中的位置等。图示为示意图，没有限定各栏目的详细尺寸。各地区、各部门在执行时，可以根据实际需要对表格各项目的行高、列宽适当调整。

归档文件目录

序号	档号	文号	责任者	题名	日期	密级	页数	备注

图 3－8　归档文件目录式样

一般来说，同一立档单位的目录格式应保持一致，不能随意更改，以保持美观并便于使用。不使用计算机打印目录的，填写归档文件目录项目时，应使用符合档案保护要求的字迹材料，如碳素墨水、耐久性好的签字笔等，禁止使用圆珠笔、铅笔、纯蓝墨水等不耐久的书写材料进行填写。

归档文件目录

序号	档号	文号	责任者	题名	日期	密级	页数	备注
1	Z109－WS·2011－Y－BGS－0001		××局办公室	××局办公室关于召开贯彻落实××××会议的通知	20110606	机密 2 年	6	
2	Z109－WS·2011－Y－BGS－0002	×〔2011〕9 号	××局	××局关于进行数字档案室试点工作的批复[及请示]	20110806		9	

图 3－9　归档文件目录示例

2. 归档文件目录封面

装订成册的归档文件目录，应编制封面，既整洁美观、不易损坏，又便于传递、携带和阅读。归档文件目录封面应和归档文件目录同样，采用 A4 型纸，页面宜横向设置，如图 3－10 所示。

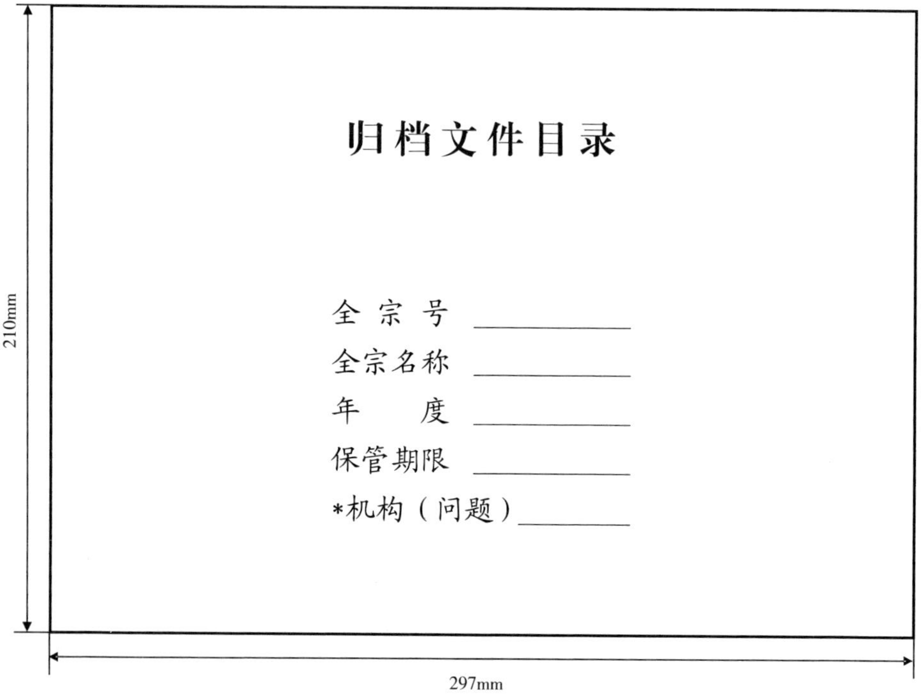

图 3－10　归档文件目录封面

归档文件目录封面设置全宗号、全宗名称、年度、保管期限、机构（问题），其中全宗名称即立档单位名称，填写时应使用全称或规范化简称。分类方案选择年度、保管期限和机构（问题）复合分类法的单位，机构（问题）项属于必选项；分类方案选择年度、保管期限复合分类法的单位，归档文件目录封面可以不设置机构（问题）项。

3. 装订成册

归档文件目录可以按年装订成册，也可每年区分保管期限装订成册。装订成册时，应按照分类方案，为每一类的归档文件目录单独附加归档文件目录封面。归档文件目录封面建议采用与归档文件目录不同颜色的纸张打印，同时起到归档文件目录隔页纸的作用。

比如，某单位按照年度—机构—保管期限进行分类，2014 年该单位纳入分类方案的机构有办公室和馆室司，则该单位 2014 年归档文件目录应打印 6 张封面，分别是 2014—办公室—永久、2014—馆室司—永久、2014—办公室—30 年、2014—馆室司—30 年、2014—办公室—10 年、2014—馆室司—10 年。按年装订成册时，上述 6 类归档文件目录按照分类方案顺序依次排列装订在一起；每年区分保管期限装订时，按照永久、30 年、10 年分别装订 3 册归档文件目录。再如，某单位按照年度—保管期限进行分类，则该单位 2014 年归档文件目录应打印 3 张封面，分别是 2014—永久、2014—30 年、2014—10 年。按年装订成册时，上述 3 类归档文件目录按照保管期限顺序依次排列装订在一起；每年区分保管期限装订时，按照永久、30 年、10 年分别装订 3 册归档文件目录。

归档文件目录装订成册后，机关档案部门除本身工作留存使用外，还应视需要编制数份归档文件目录，分别在文书（业务）部门和档案部门留存，以更好地满足平时查阅使用的需要。进馆时随档案移交的归档文件目录格式及份数，还应符合同级档案馆接收标准的要求。

4. 其他问题

是否应在档案盒内放置归档文件目录，《规则》并没有作出要求。实践中，参照传统文书立卷方法在盒内放置目录可以起到为归档文件索引的作用，利于人工查验，而不放置目录可以简化整理步骤、节省人力与纸张，实践中两种做法并存。不过，考虑到在档案盒里放置目录会大大增加工作量，且按盒分割目录存在一定的技术难点，还有可能出错，造成装订目录与盒内目录不一致，因此，一般建议在库房档案柜架相应位置放置装订成册的目录即可，不要求在档案盒内放置目录。当然，各地区、各部门存在其他规定或做法的，也可以遵照原有规定或延续习惯做法。

需要特别说明的是，归档文件目录只是最基本的检索工具，各地区、各部门还可以根据需要另行编制诸如专题目录、分类目录、重要文件目录等其他检索工具，以方便归档文件的查找、利用。

第四章　纸质归档文件的其他整理要求

第一节　修　整

为保证档案能够长期保存和有效提供利用，装订前必须对不符合要求的归档文件材料进行必要的修整。纸质归档文件的修整一般包括对破损文件进行修裱、对字迹模糊或易退变的文件进行复制、去除文件上不合格装订用品等。

一、修裱破损文件

修裱是指使用专门的粘合剂和选定的纸张对破损归档文件进行“修补”或“托裱”，以恢复文件的原有面貌，增加强度，延长寿命。归档文件修裱的具体操作方法应按照《档案修裱技术规范》（DA/T 25－2000）执行。

1. 修裱原则

（1）适宜性原则

修裱所用材料应具有最适宜延长文件寿命的强度和特性，修裱材料和技术方法不得对制成材料产生副作用或损害。

（2）相似性原则

修裱所用材料应与被修裱文件载体具有相类似的厚度、颜色和结构。

（3）可逆性原则

修裱所用材料和技术方法应具有可逆性。修裱处理后的文件材料，在必要时应能通过再处理使文件载体与其修裱材料相分离。

2. 质量要求

（1）修裱成品应保持原貌，不得损害原件上任何历史痕迹，不得造成文字等信息洇褪扩散；

（2）修裱成品应具有较高的耐折度和撕裂度，以利于延长文件寿命；

（3）修裱成品应薄且光洁、舒展平整、质地柔软。裱件不崩裂，不变形走样，托纸与归档文件原件不得形成空壳；

（4）需要装订的裱件，在修裱、整裁后应留有装订边，以便装订。

3. 修裱技术

（1）修裱前准备

归档文件修裱前应认真进行检查，了解文件制成材料（如纸张、字迹等所属类型及损坏程度），以便采取合适的材料和方法进行处理和修裱。检查的内容主要包括：一是检查待修裱归档文件破损、虫霉状况，确定破损等级和修裱技术处理方法。二是检查字迹材料。修裱前应检查文件字迹材料遇水或有机溶剂洇化、扩散、褪色等情况，确定对字迹进行加固处理的方式，以及采用干托法、湿托法等技术处理方法。三是检查纸张材料。修裱前应根据纸张材料所属种类，准确选择修裱托纸、补纸。检查纸张酸度，pH 值 <7 时，应先作去酸处理。

检查结束后，应根据修裱原则和质量标准，针对归档文件破损、虫蛀、霉变及纸张、字迹材料状况，制定修裱方案并对拟修裱归档文件进行预处理。预处理的目的在于消除归档文件上面存在的有害因素，为修补、托裱创造条件，主要包括：除尘、消毒、去污、去酸、字迹加固等。珍贵的文件材料应先拍照后修裱。

（2）修裱方法

一般来说，严重破损的归档文件，特征为纸张整体强度差，霉烂、脆化、粘结严重，应采取修补、托裱技术进行加固修复；一般破损的归档文件，特征为纸张整体强度尚可，但存在多处虫蛀、粘结、破损现象，应视其具体情况采取托裱或修补技术进行加固修复；轻微破损的归档文件，特征为纸张整体强度较好，但局部有残缺、破损痕迹，应采用修补技术对进行修整。

修补是对残破文件进行局部修整的技术方法，主要包括补缺、补洞等。补缺是将残破口刮毛，并将补纸撕成与残破口相符的毛口状，刷上浆糊，使之粘合。补洞是用毛笔蘸稀浆糊抹在破洞周围，然后用选好的纸张把洞补好。修补过的文件由于局部受潮和浆糊的作用，会产生不平的现象，需要经过闷水、压平、倒干，使补出来的文件平展。

托裱分湿托法和干托法两种。湿托法适用于字迹遇水不扩散的文件，方法是在文件背面刷浆，然后托上一层新纸，托裱出来的文件比较平整和牢固，操作技术较易掌握，故较为常用。干托法适用于字迹遇水扩散的文件，方法是在托纸上刷浆，待撤潮后将其浮盖在文件的背面，用棕刷排实，上墙晾干。操作过程中文件接触水分较少，不会使字迹扩散，但技术要求高一些。

由于修裱工具、材料比较繁多，技术复杂，对操作人员要求较高，一般建议机关借助档案馆力量进行严重破损归档文件的修裱。有条件的机关，可以对一般破损、轻微破损归档文件进行修补或托裱。

二、复制字迹模糊或易退变的文件

字迹材料的耐久性是关系到档案寿命长短的重要因素。文件字迹材料发生退变，如退色、扩散等而变得模糊不清时，就会影响档案的利用。在这种情况下，一般通过对字迹模糊或易退变的文件进行复制的方式保护档案信息安全。

决定文件字迹材料耐久性的因素包括字迹色素成分和字迹转移固定方式。对于传统书写材料来说，最耐久的是以碳黑为色素成分、以结膜为转移固定方式的字迹材料，包括墨和墨汁、黑色油墨等；比较耐久的是以颜料为色素成分、以结膜或吸收方式转移固定的字迹材料，包括彩色油墨、蓝黑墨水、印泥等；不耐久的是以染料为色素成分的字迹材料，如纯蓝墨水、红墨水、复写纸、圆珠笔油、印台油等，或者以粘附为转移固定方式的字迹材料，如铅笔。

随着信息技术的广泛运用，如今比较常见的是计算机打印字迹、静电复印字迹、传真文件字迹。其中计算机打印字迹包括针式打印字迹、喷墨打印字迹和激光打印字迹。传真文件字迹包括感热记录字迹、喷墨记录字迹、静电记录字迹。一般认为，现今的激光打印字迹、静电复印字迹、静电记录字迹优于喷墨打印字迹和喷墨记录字迹。激光打印字迹、静电复印字迹、静电记录字迹的耐久程度介于墨汁与蓝黑墨水之间，但容易受到高温、摩擦、折叠和有机溶剂的影响。针式打印字迹、感热记录字迹耐久性最差，字迹材料容易发生退色、扩散等而变得模糊不清。不过，有些早期的激光打印字迹、静电复印字迹、静电记录字迹耐久性也较差，需要引起注意。

对字迹模糊或易退变的归档文件，目前一般采用静电复印的方式进行复制。比如铅笔字迹、针式打印字迹、感热记录字迹以及其他易发生退变的文件，须复制后才能归档。为保证复印质量，复印时应要慎重选择纸张和复印设备，并且采用单面方式复印。

三、去除不合格装订用品

文件制作时普遍使用的装订用品，如订书钉、曲别针、大头针等，其材质以铁、铝等化学性质活泼的金属为主，容易被空气中的二氧化碳、二氧化硫等物质氧化和腐蚀，使文件纸张受到损害。塑料装订夹、塑料封等塑料装订用品，保存较长时间后会氧化变脆，造成断裂，有的甚至产生损害文件纸张的物质，影响对文件档案的管理和使用。

《规则》6.1.3 规定，归档文件应按照保管期限要求去除易锈蚀、易氧化的金属或塑料装订用品，以避免对归档文件的潜在危害。原装订方式符合保管期限要求的，也可以不去除原装订用品。

四、幅面过大纸张折叠

除上述三种情况外，在装订前还可能面临幅面过大纸张的折叠问题。

实际工作中，一些特殊形式的文件，如报表、图样等，纸张幅面大于 A4 规格。由于档案盒尺寸是按照 A4 纸张的大小设计的，为方便将来文件装盒，就需要对超大纸张加以折叠。进行折叠操作时，要注意控制折叠数，并将文件的首页标题露出，同时折痕处应尽量位于文件、图表字迹之外。文件页数较多时，宜单张折叠，以方便归档后的查阅利用。对于底图，严禁折叠。

第二节　装　订

装订是指采用符合档案保护要求的装订材料，将完成组件的纸质归档文件以件为单位固定在一起。装订是纸质归档文件整理的基础环节，通过装订，从实体上将归档文件整理的基本单位——“件”确定下来，为后续工作的开展提供条件。

一、基本要求

1. 装订单位

《规则》要求，归档文件一般以件为单位装订。从某种程度上讲，装订实际上就是对纸质归档文件组件结果的确认，因此，装订要将件的构成和件内文件排序的结果原原本本固化下来，不能随意扩大或缩小装订范围。在一般情况下，不允许将一件文件分开装订，只有在个别情况下，比如文件附件过多、过厚，实在无法装订在一起的，才可以分开装订。分开装订时，要以单个附件为单位进行装订，不能将单个附件分开装订，也不能将几个附件装订在一起。

需要特别注意的是，无论在何种情况下，都不能将多件文件装订在一起，否则既破坏了组件结果，又会严重影响归档文件目录的编制和文件检索利用，必须严格禁止。

2. 装订要求

《规则》要求，归档文件装订应牢固、安全、简便，做到文件不损页、不倒页、不压字，装订后文件平整，有利于归档文件的保护和管理。这是对装订要求的高度概括。

装订要求牢固、安全、简便，是针对装订方式和装订材质提出的要求，也是选择装订方式的基本依据。装订要求文件不损页、不倒页、不压字，是针对装订操作提出的要求，也是归档文件装订最起码的要求。装订后文件平整是针对装订效果提出的要求。要做到装订平整，需要在装订前将件内的各页按一定方式对齐，一般来说，采用左上角装订的，应将左、上侧对齐；采用左侧装订的，应将左、下侧对齐。装订后应对归档文件进行检查，确保装订整齐，不掉页。

3. 装订原则

装订应尽量减少对归档文件本身影响，这是装订的基本原则。选用对归档文件本身影响小的装订方式、维持符合要求的原装订方式等，都是这一原则的具体体现。原装订方式如确不符合《规则》要求，拆除原装订时也应尽量降低对归档文件的破坏。要尽可能减少对文件重新装订的次数，使归档文件受破坏程度降到最低。有条件的地区或部门，可以通过为文书部门提供符合要求的装订用品、优化文书和档案工作流程等方式实现对归档文件的一次性装订。

应根据归档文件保管期限确定装订方式，装订材料与保管期限要求相匹配。为便于管理，相同期限的归档文件装订方式应尽量保持一致，不同期限的装订方式应相对统一。

4. 装订材料

用于装订的材料，不能包含或产生可能损害归档文件的物质。也就是说，包含可能损害归档文件的物质或者产生可能损害归档文件的物质的装订材料，比如易锈蚀的金属等，不能用于归档文件的装订。

二、装订方式及选择

1. 装订方式

在实践中，主要存在线装法（“三孔一线”装订、直角装订、缝纫机轧边装订）、变形材料装订法（不锈钢订书钉装订、不锈钢夹装订）、粘接法（浆糊装订）、封套法（封套装订）4 个类型 7 种方式。《规则》要求，不使用回形针、大头针、燕尾夹、热熔胶、办公胶水、装订夹条、塑料封等可能对归档文件造成损害或者固定效果不佳的方式进行装订。

（1）“三孔一线”装订

从档案保护的角度看，线装是最好的装订方式。“三孔一线”装订是从传统立卷方法沿用下来的装订方法，操作比较复杂，适用于较厚的文件装订，如图 4－1 所示。

（2）直角装订

直角装订同样属于线装法，适用于页数不多的文件的装订。此种方法相对“三孔一线”装订法简单，但仍然比较繁琐，如图 4－2 所示。

（3）缝纫机轧边装订

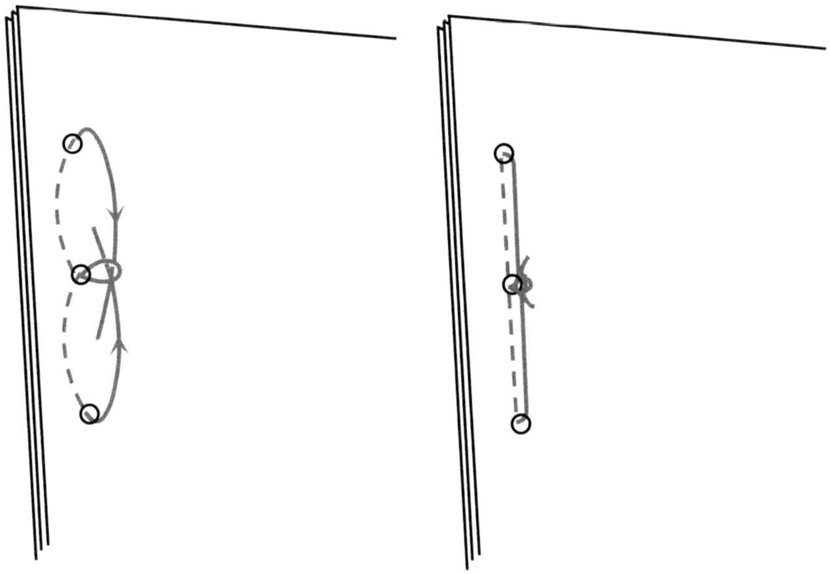

图 4－1　"三孔一线"装订方法及效果

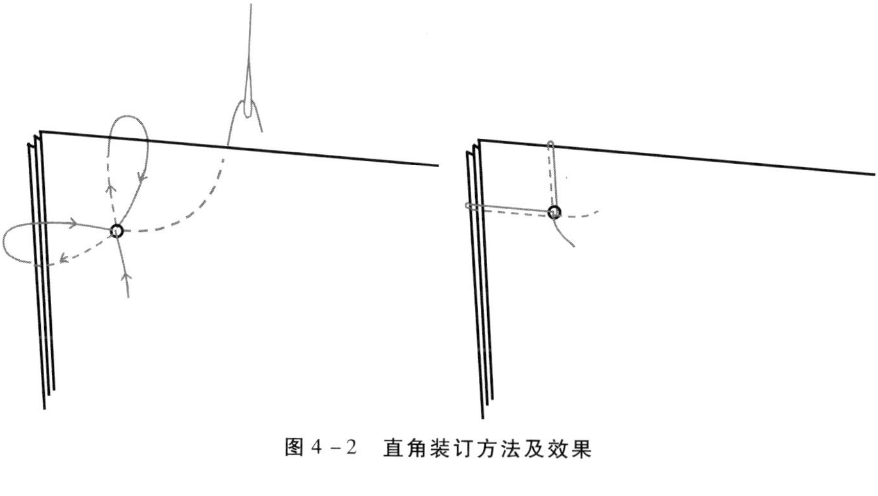

图 4－2　直角装订方法及效果

缝纫机轧边装订即使用缝纫机在文件左上角或左侧轧边装订的方式，适用于装订页数不多的文件。这种方式操作相对简单，但装订后容易造成纸页从装订处折断，同时存在相对较高的设备成本。

（4）不锈钢订书钉装订

使用不锈钢订书钉装订方法简单，设备成本较低，可以根据归档文件页数多少选择不同规格的订书钉。不过，不锈钢订书钉对材质要求较高，必须采用质地优良的不锈钢制品。有的地区或部门采取定期抽检、定点采购的方法保证不锈钢订书钉材质，以确保装订效果。另外，由于不锈钢订书钉是金属材质，因而使用该法装订的归档文件材料不能使用微波设备进行消毒，否则可能引起火灾。

（5）不锈钢夹装订

不锈钢夹的材质与不锈钢订书钉相同。不锈钢夹与不锈钢订书钉相比，存在成本较高，装订效果不好等问题，容易出现“一盒档案半盒夹子”的情况，浪费档案存储空间。

（6）浆糊装订

浆糊装订是传统的装订方式，可逆性好，对纸张影响小，是经过时间验证最为可靠的装订方式之一。不过，浆糊装订的缺点也非常明显，比如存在对浆糊材质要求较高、操作方法不易统一等问题。

（7）封套装订

封套装订是使用80克左右无酸纸制成的右上两侧开口的封套，将归档文件以件为单位夹装其中。这种方式既方便整理工作，又能起到保护档案的作用，但使用无酸纸封套会增加档案的厚度，占用存贮空间。而且，使用无酸纸封套还存在一个问题，就是这种方法并没有真正实现归档文件的“装订”，更谈不上固定文件页次，防止文件张页丢失的功能了。

2. 装订方式的选择

（1）《规则》明确排除了回形针、大头针、燕尾夹、热熔胶、办公胶水、装订夹条、塑料封等可能对归档文件造成损害或者固定效果不佳的方式。

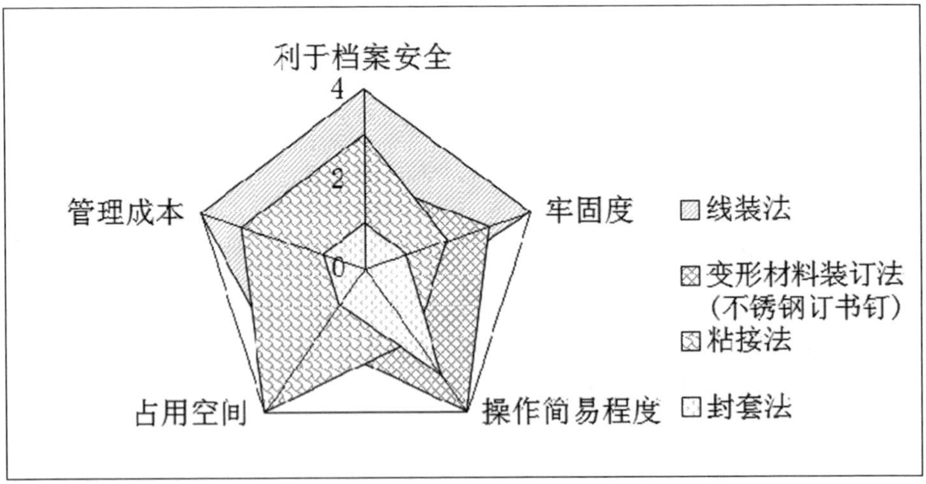

图4－3　装订方式雷达图

（2）对线装法、变形材料装订法、粘接法、封套法四种装订方式的选择，主要结合装订牢固度、操作难易程度、是否利于档案安全、管理成本、占用空间五个维度进行对比分析（不锈钢夹应用较少，此处变形材料装订法主要指不锈钢订书钉）。

从上图可知，从装订牢固度来看，线装法最优，变形材料装订法次之，封套法最次；从操作难易程度看，变形材料装订法最优，粘接法次之，线装法最次；从是否利于档案安全看，线装法最优，粘接法次之，封套法最次；从管理成本看，线装法最优，粘接法次之，封套法最次；从占用空间来看，粘接法最优，线装法次之，封套法最次。从整体上看，线装法依次优于粘接法、变形材料装订法和封套法。因而，《规则》在进行装订方式选择时重点考虑了上述装订方式的优缺点，并结合保管期限和是否进馆等因素确定了归档文件装订材料和装订方式：

- 永久保管的归档文件，宜采取线装法装订。页数较少的，使用直角装订或缝纫机轧边装订，文件较厚的，使用“三孔一线”装订。
- 永久保管的归档文件，使用不锈钢订书钉或浆糊装订的，装订材料应满足归档文件长期保存的需要。
- 永久保管的归档文件，不使用不锈钢夹或封套装订。
- 定期保管的、需要向综合档案馆移交的归档文件，装订方式按照永久保管的归档文件的装订要求执行。
- 定期保管的、不需要向综合档案馆移交的归档文件，可以使用线装法装订、不锈钢订书钉或浆糊装订，也可以使用不锈钢夹或封套装订。

表 4－1 装订方式选择

装订方式 / 选择条件	线装法（“三孔一线”装订、直角装订、缝纫机轧边装订）	不锈钢订书钉装订	浆糊装订	不锈钢夹装订	封套装订
永久保管	√	√	√	×	×
定期保管，需移交	√	√	√	×	×
定期保管，不移交	√	√	√	√	√

考虑到各地区、各部门的具体情况和使用习惯，《规则》没有对装订方式统一规定，而是提出了几种装订方式供不同条件下选择适用。各地区、各部门根据同级档案行政管理部门认可和实际需要确定装订方式后，装订方式应保持相对稳定，不同期限的装订方式也尽量统一，以降低管理成本。

第三节 编 页

编页是指按照件内文件排序依次给每一页文件编上顺序号。编页是纸质归档文件整理的重要步骤，归档文件编页，可以固定件内文件排序；页码与页数相配合，能够对归档文件起到统计监督作用，保证归档文件的完整和安全，方便后期档案管理。

一、编页要求

1. 归档文件应以件为单位编制页码。页码应连续编制，不能出现漏号、重号。

2. 归档文件有图文的页面均应编制页码，正反面都有图文的，应一页编一个页码。没有内容的空白页面不编页码。

3. 文件材料已印制成册并编有页码的，或者拟编制页码与文件原有页码相同的，可以保持原有页码不变。

除此以外，如果归档文件过厚，或者存在其他不宜编制页码情况的，经同级国家档案行政管理部门同意，也可以保持原有页码不变。

二、编页方法

归档文件编制页码的，应该按照以下方法进行：

1. 页码宜在文件正面右上角、背面左上角的空白位置进行编制。

2. 页码采用阿拉伯数字，从“1”开始编制。

3. 页码使用黑色铅笔标注，字迹工整、清晰。不建议使用打号方式或者难以修改的签字笔等进行标注。

第四节 装 盒

装盒包括将归档文件按顺序装入档案盒、填写备考表、编制档案盒盒脊项目等工作内容。作为基本编目的一部分，装盒环节除一些技术性操作外，同样应该体现出归档文件系统化的结果。因此，在装盒方式、档案盒盒脊项目设置等方面与分类、排列等的原则和方法是一致的。

一、装盒要求

归档文件应严格按档号顺序装入档案盒，与归档文件目录中相应条目的排列顺序相一致，保证检索到文件条目后能对应地找到文件实体。档案利用完毕后归位时，同样要注意将其按顺序装入相应档案盒中。否则，在以件为单位进行管理的情况下，一旦归位错误，将很难再找回，甚至可能从此成为“死档”。

装盒时，应按照分类方法的不同，将不同类别的归档文件装入不同的档案盒中。这一方面是因为实体查找时是先由归档文件目录条目对应到档案盒盒脊项目，再由盒脊项目对应到盒内文件归档章项目，因此盒脊项目的设置必须与盒内文件归档章的项目相对应，反映出归档文件的存址。如果不同类别的归档文件混装在同一盒中，必然会造成盒脊项目设置的混乱，同一栏目填写时内容也会杂乱不堪。另一方面，档案馆接收档案进馆时，按照进馆计划和接收范围的不同，对移交档案的年度和保管期限都有针对性要求。如果同一盒中不同年度和保管期限的档案混装，移交时就需要按照档案馆接收标准进行再加工，重编目录、重新装盒，带来大量重复劳动。

装盒的具体要求包括：

1. 不同年度的归档文件不应放入同一档案盒。要注意分年度装盒并不意味着同一档案盒内的文件都是一个年度形成的。例如，跨年度事由形成的文件，在某一年度整理归档的，应一起放入归档的年度中。

2. 不同保管期限的归档文件不应放入同一档案盒。

3. 分机构（问题）的情况下，不同机构（问题）形成的归档文件不应放入同一档案盒。即使某些机构（问题）形成的文件数量少，装不满一盒时，也不宜将其混装入其他档案盒，而应通过使用不同厚度的档案盒来解决。

装盒时应注意以下问题：

1. 应视文件的厚度选择适宜的档案盒，尽量做到文件装盒后与档案盒形成一个整体，站立放置时不至于使文件弯曲受损。有时某个类目的最后几件文件不够装满一个档案盒，可选用厚度较薄的档案盒或横置式的档案盒，具体规格下一部分中将加以介绍。

2. 档案盒只是归档文件的装具，不具备保管单位的作用。因此并不要求同一事由的归档文件必须装在同一档案盒内，只须按照排列的先后顺序依次装盒；一盒装满后，顺次装入下一盒即可。

二、档案盒格式

档案盒既是归档文件的装具，也是固化盒内归档文件位序的载体。制作良好、封面和盒脊项目编制规范的档案盒，不但能很好地起到保护盒内文件的作用，也为检索、利用的顺利进行提供了保证。

1. 档案盒的规格

档案盒外形尺寸为长 310mm、宽 220mm 的长方体，厚度一般为 20mm、30mm、40mm、50mm，也可以根据需要设置其他尺寸厚度。此规格是按照可放入纸张幅面为国际通用 A4 型（297mm × 210mm）的文件，并能够较方便地取用盒内文件而设计的。厚度允许不同的尺寸，以方便放置不同厚度的文件。同一机关档案部门使用的档案盒厚度宜相对统一，以便于按照延长米进行档案数量统计。

档案盒按照摆放方式的不同，可以分为竖式和横式两种，如图 4 - 4 所示。之所以设计横式档案盒，是为了增加盒内文件与档案盒的接触面，避免文件竖置时“头重脚轻”而发生弯曲折损。从长远考虑，档案盒横放更有利于档案的保护。不过，现有的档案柜（架）大都未给此种摆放方式留下足够的空间，因此选用横式档案盒时应同时考虑档案柜（架）的状况。机关单位在选用档案盒时，两种格式的档案盒只能选用一种，以简便管理、保证档案盒上架后整齐、美观。

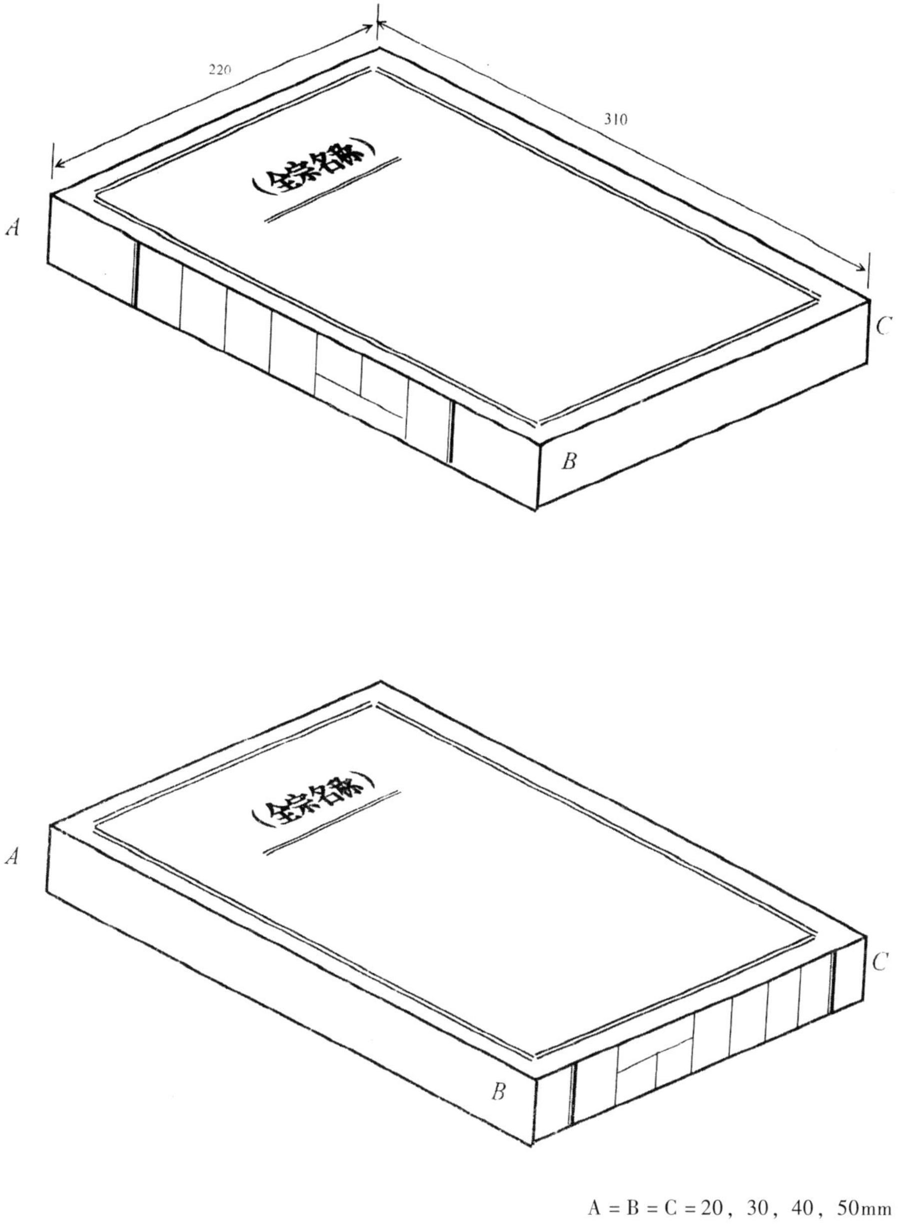

A = B = C = 20，30，40，50mm 等

图 4 – 4　档案盒式样及规格

2. 档案盒封面

档案盒的封面应使用全称或规范化简称标明全宗名称（即立档单位名称），下加双横线，如图 4－5 所示。全宗名称可以在制作档案盒时先行印制。

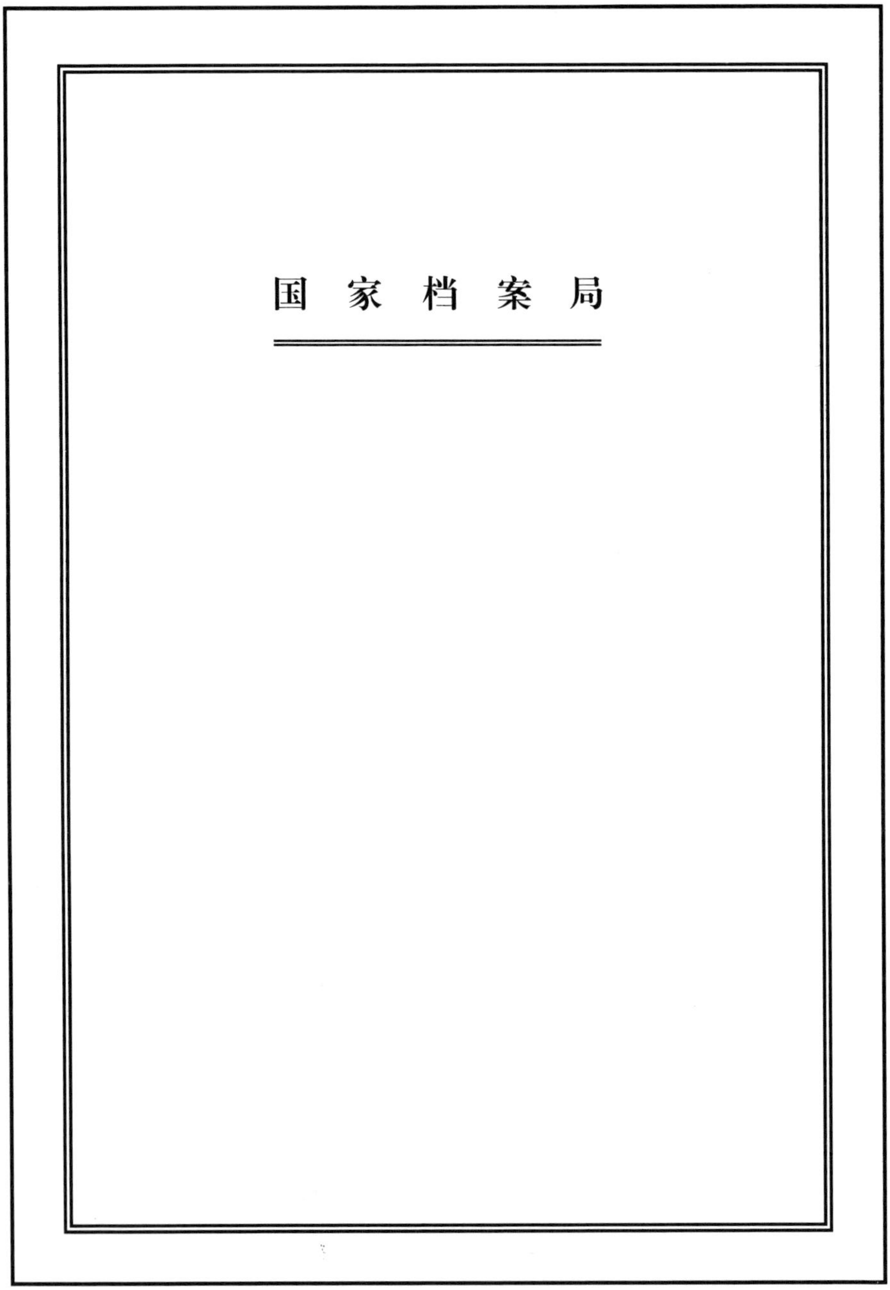

图 4－5　档案盒封面式样

3. 档案盒盒脊的项目

档案盒盒脊应根据摆放方式的不同，在盒脊或底边设置各检索项，包括全宗号、年度、保管期限、机构（问题）、起止件号和盒号等。采用竖式或横式两种档案盒时，盒脊上各项的位置及栏目尺寸分别如图 4－6 所示。

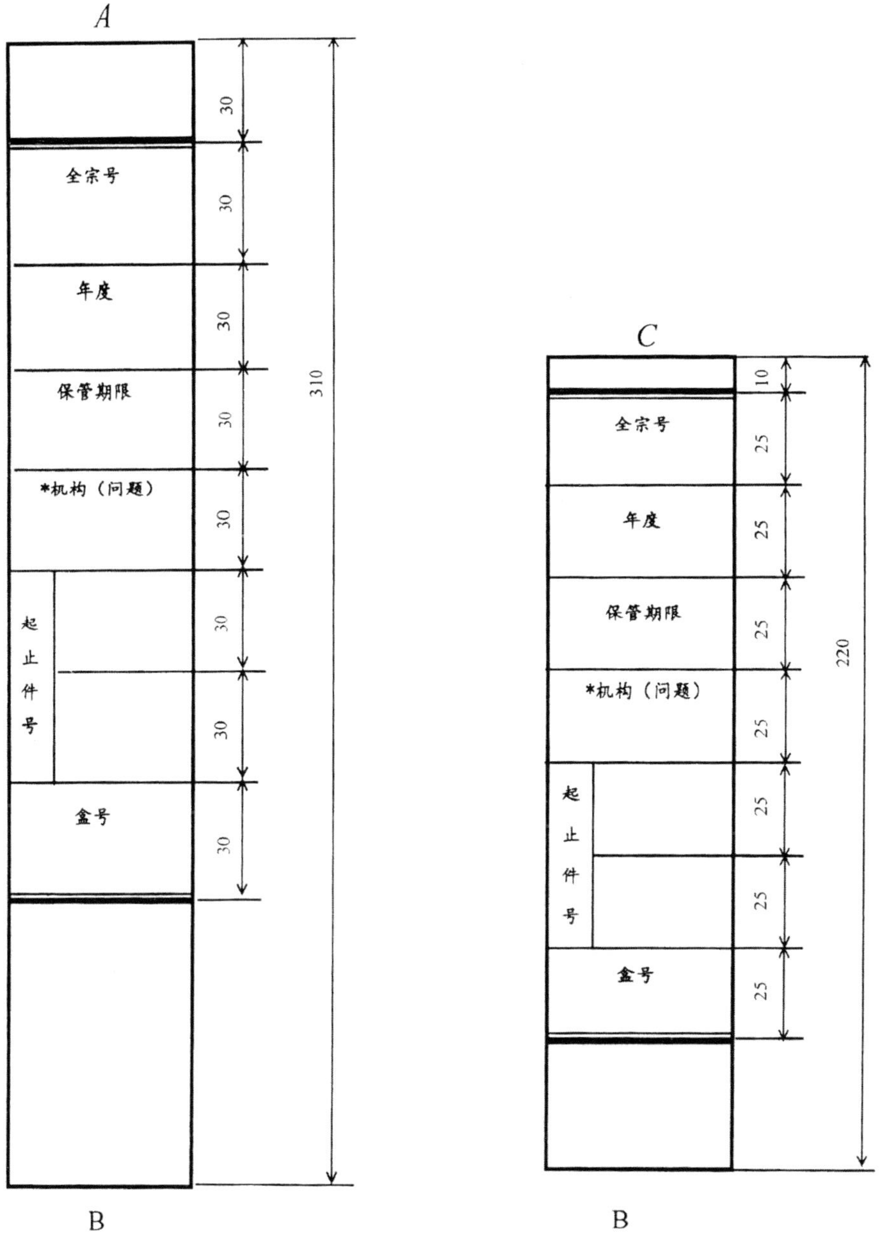

图 4－6　竖式档案盒底、横式档案盒底边式样

各项目具体填写要求如下：

（1）全宗号：全宗号栏内按同级档案馆给定的全宗号填写，暂未给定的可先空置。

（2）年度：年度栏内填写盒内文件的归档年度，具体填写方法参见第三章第五节相关内容。

（3）保管期限：保管期限栏填写盒内文件所属保管期限，一般以汉字全称表示，如“永久”“30 年”“10 年”。

（4）机构（问题）：机构（问题）栏填写分类方案中相应机构（问题）的类目名，机构（问题）栏也可以填写机构（问题）代码，具体填写方法参见第三章第五节相关内容。不按机构（问题）分类的单位，盒脊上可以不印制机构（问题）项。

（5）起止件号：起止件号栏填写盒内排列最前和排列最后的归档文件的件号，起件号填写在上格，止件号填写在下格。检索时在归档章上其他项目的配合下，通过将件号与档案盒脊上的起止件号相对应，即可确定该份归档文件所属的档案盒。

（6）盒号：盒号是指档案盒的排列顺序号，按进馆要求在档案盒盒脊或底边编制。盒号一般按照档案盒上架排列后的顺序流水编制，可以每年一断号，也可以 4 位数为限几年一断号。为方便平时管理，在移交进馆前，可以先用黑色铅笔编写盒号，在进馆时再按进馆要求进行修改。

需要说明的是，《规则》中的档案盒作为档案装具，编制盒号是为了排架需要和管理方便，与盒内归档文件没有逻辑关系。实践中存在将盒号功能扩大化的倾向：一是在归档章上增加盒号项目或将盒号标注于归档文件首页，将盒号作为归档文件与档案盒之间关联关系的纽带；二是在电子文件整理中，为实现与纸质文件材料形式上一致，存在把盒作为整理单位，将电子文件以盒为单位进行整理的现象，这两种做法与盒号承载的功能都是相悖的。实际上，在归档文件的件号已经与盒脊起止件号建立关联关系的情况下，没有必要再通过盒号，在归档文件与档案盒之间建立第二套关联关系。否则既成倍增加了工作量，又可能出现两套关联关系指向不一的情况，增加管理的复杂性。

档案盒盒脊可以根据机关单位的实际需要，与归档章项目相协调，编制其他项目。增减项目的工作应在同级档案行政管理部门的指导下进行。机关档案部门可对栏目位置及尺寸进行一定的调整，以规范、美观为原则。

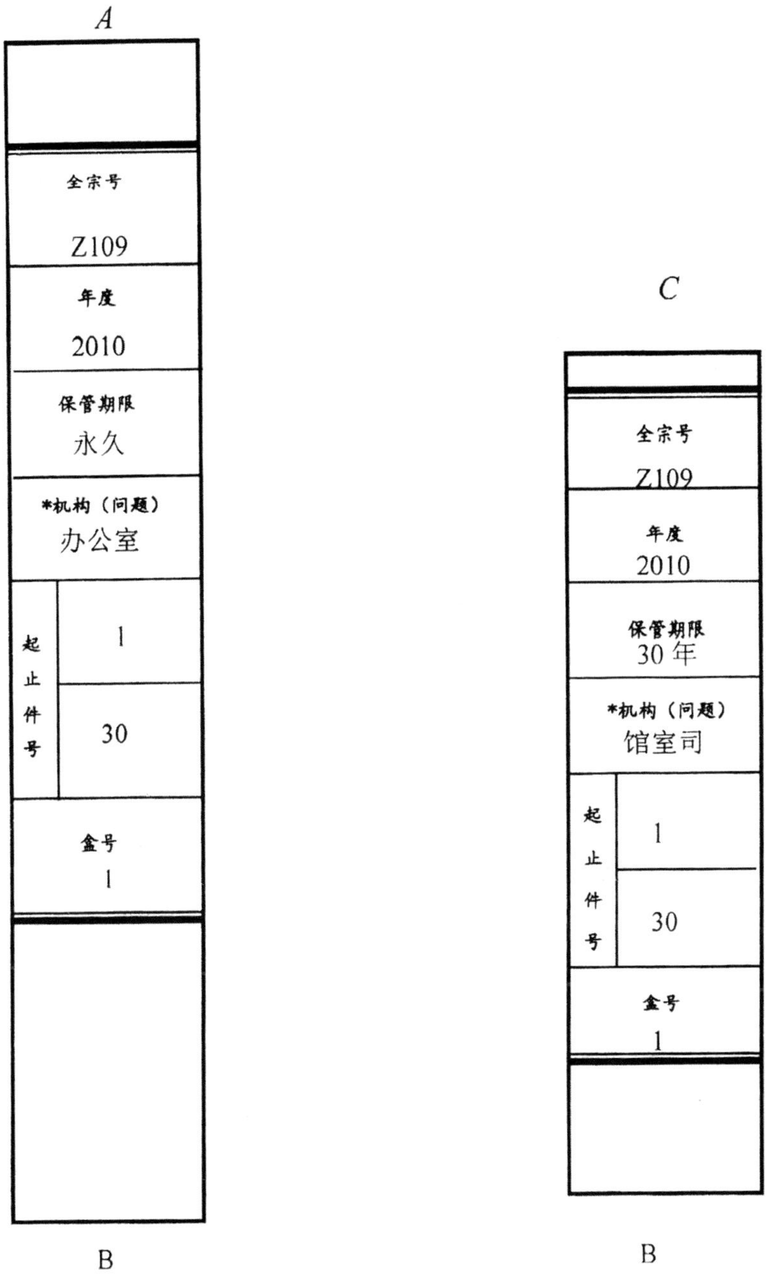

图 4－7　档案盒底、底边示例

4. 档案盒的制成材料

从档案保护的目的出发，档案盒应采用无酸纸制作，以避免长期保存时档案盒纸板中的酸性物质影响盒内文件寿命。各级档案行政管理部门应从本地实际情况出发，积极推广无酸纸的应用，以杜绝档案盒制作材料方面存在的隐患。

三、备考表

备考表置于盒内所有归档文件之后，用以记录整理、检查情况并对盒内归档文件缺损、修改、补充、移出、销毁等情况进行必要的注释说明。备考表是机关档案部门对归档文件进行动态管理的有效措施。备考表上设置的项目包括盒内文件情况说明、整理人、整理日期、检查人、检查日期，各项目的填写要求如下：

1. 盒内文件情况说明

填写盒内归档文件需要说明的情况，包括文件收集的齐全完整程度、文件本身的状况等。整理工作完毕后归档文件如有缺损、修改、补充、移出、销毁等情况，应在备考表中加以说明。进行归档文件整理工作时，如某份文件需说明的内容较复杂，归档文件目录备注项中无法填写，也可以在目录相关条目的备注项中加“*”号标示，并在备考表中予以详细说明。

2. 整理人

负责整理归档文件的人员签名或签章。业务或文书部门整理归档的机关，此项一般由该部门负责整理归档工作的人员填写；在机关档案室进行集中整理的机关，此项一般由档案人员填写。

3. 整理日期

填写归档文件整理完毕的日期。

4. 检查人

负责检查归档文件整理质量的人员签名或签章。此项一般由机关档案人员填写，以示对整理质量的监督检查；也可与机关内部机构负责人联署，由其对文件材料归档的齐全完整情况进行监督检查。

5. 检查日期

填写归档文件检查完毕的日期。

备考表的外形尺寸、页边和文字区尺寸以及表中各项目的具体位置、尺寸见图 4 - 8。

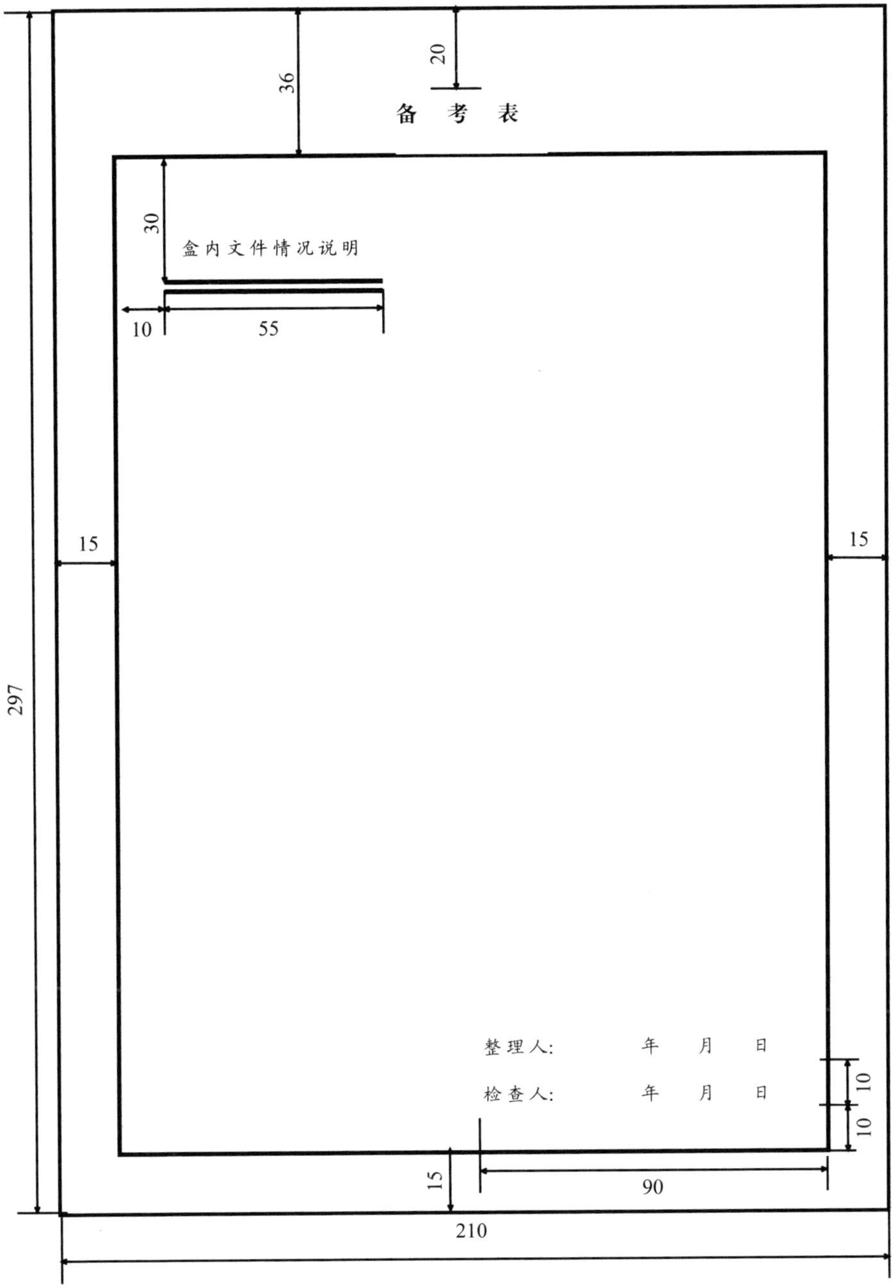

单位：mm　比例：1:2

图 4 - 8　备考表式样

归档文件在机关档案部门保存阶段内如有变动情况，档案工作人员应随时在备考表中注明，以便后续管理以及档案移交进馆等工作得以正常进行。

第五节 排 架

排架是纸质归档文件整理的最后一个环节，也是整个归档文件整理工作中很重要的一个环节，直接影响到档案实体管理和提供利用的效果。因此，归档文件在科学分类整理基础上，还要做到科学分类排架。排架的方法既要反映出本单位设置的几个基本大类，又要做到科学合理经济实用；既要从实际出发，又要保证档案管理、利用的系统性、有效性需求。

一、排架原则

从实践来看，上架排列方法应与本单位归档文件分类方案一致，排架方法应避免频繁倒架。在具体操作上，排架按照“从上到下，从左到右”的原则。也就先从左边一列开始，从上到下进行摆架，摆满后再按照从上到下继续摆架。

二、排架方法

1. 年度—机构（问题）—保管期限分类法排架

采用此种分类方法，在库房排架时，每年形成的档案按机构（问题）序列依次上架，不必预先留空，库房管理比较方便，同时，可将一个年度同一机构（问题）形成的文件，按保管期限的不同依次排列在一起，更便于实体查阅。不过，由于相同保管期限的档案没有排列在一起，移交进馆时需要进行倒架。年度—机构—保管期限分类法排架如图 4－9 所示。

2010 - 办公室 - 永久	2010 - 办公室 - 10 年	2010 - 业务处 - 10 年	2011 - 办公室 - 30 年	2011 - 业务处 - 30 年
2010 - 办公室 - 永久	2010 - 业务处 - 永久	2010 - 业务处 - 10 年	2011 - 办公室 - 10 年	2011 - 业务处 - 30 年
2010 - 办公室 - 30 年	2010 - 业务处 - 永久	2011 - 办公室 - 永久	2011 - 办公室 - 10 年	2011 - 业务处 - 10 年
2010 - 办公室 - 30 年	2010 - 业务处 - 30 年	2011 - 办公室 - 永久	2011 - 业务处 - 永久	2011 - 业务处 - 10 年
2010 - 办公室 - 10 年	2010 - 业务处 - 30 年	2011 - 办公室 - 30 年	2011 - 业务处 - 永久	（空）

图 4 - 9　年度—机构—保管期限分类法排架

2. 年度—保管期限—机构（问题）分类法排架

采用此种分类方法，在库房排架时，每年形成的档案按保管期限依次上架，便于档案移交进馆，也不必预先留空，避免了倒架，库房管理比较方便。相对来讲，按照这种分类方式进行排架既便于档案移交进馆，又避免倒架，比较符合机关档案管理的要求。年度—保管期限—机构分类法排架如图 4 - 10 所示。

2010 - 永久 - 办公室	2010 - 30 年 - 办公室	2010 - 10 年 - 业务处	2011 - 永久 - 业务处	2011 - 10 年 - 办公室
2010 - 永久 - 办公室	2010 - 30 年 - 业务处	2010 - 10 年 - 业务处	2011 - 30 年 - 办公室	2011 - 10 年 - 办公室
2010 - 永久 - 业务处	2010 - 30 年 - 业务处	2011 - 永久 - 办公室	2011 - 30 年 - 办公室	2011 - 10 年 - 业务处
2010 - 永久 - 业务处	2010 - 10 年 - 办公室	2011 - 永久 - 办公室	2011 - 30 年 - 业务处	2011 - 10 年 - 业务处
2010 - 30 年 - 办公室	2010 - 10 年 - 办公室	2011 - 永久 - 业务处	2011 - 30 年 - 业务处	（空）

图 4 - 10　年度—保管期限—机构分类法排架

3. 保管期限—年度—机构（问题）分类法排架

这种排架方式特别适合档案规模较小的进馆单位，仅需要预留数量较少的空架即可满足管理需要。采用此种分类方法，在库房排架时，需要对不同的保管期限分别排架，同一保管期限的档案再按照年度结合机构（问题）依次上架。在库房管理时，不同保管期限分别排架，更便于档案移交进馆。但每个期限应根据本单位档案形成数量估算预留空架，以备以后各年档案陆续上架，否则需要每年倒架，有时还可能因为预留空架不足而倒架。类似的分类方法还有机构（问题）—年度—保管期限分类法。保管期限—年度—机构分类法排架如图 4 - 11 所示。

永久 - 2010 - 办公室	永久 - 2011 - 办公室	30 年 - 2010 - 办公室	30 年 - 2011 - 办公室	10 年 - 2010 - 办公室	10 年 - 2011 - 办公室
永久 - 2010 - 办公室	永久 - 2011 - 业务处	30 年 - 2010 - 办公室	30 年 - 2011 - 业务处	10 年 - 2010 - 办公室	10 年 - 2011 - 业务处
永久 - 2010 - 业务处	永久 - 2011 - 业务处	30 年 - 2010 - 业务处	30 年 - 2011 - 业务处	10 年 - 2010 - 业务处	10 年 - 2011 - 业务处
永久 - 2010 - 业务处	（空）	30 年 - 2010 - 业务处	（空）	10 年 - 2010 - 业务处	（空）
永久 - 2011 - 办公室	（空）	30 年 - 2011 - 办公室	（空）	10 年 - 2011 - 办公室	（空）

图 4 - 11　保管期限—年度—机构分类法排架

4. 保管期限—机构（问题）—年度分类法排架

采用此种分类方法，在库房排架时，需要对不同的保管期限分别排架，同一保管期限的档案再按照机构（问题）结合年度依次上架。在库房管理时，优缺点类似保管期限—年度—机构（问题）分类法。此种排架方法不但每个保管期限要预留空架，而且每个机构（问题）也需要预留空架，库房排架时过于散乱，除非特殊需要，一般不建议采取此种分类排架方法。类似的分类方法还有机构（问题）—保管期限—年度分类法。保管期限—机构—年度分类法排架如图 4 - 12 所示。

永久－办公室－2010	30 年－办公室－2010	10 年－办公室－2010
永久－办公室－2011	30 年－办公室－2011	10 年－办公室－2011
（空）	（空）	（空）
永久－业务处－2010	30 年－业务处－2010	10 年－业务处－2010
永久－业务处－2011	30 年－业务处－2011	10 年－业务处－2011
（空）	（空）	（空）

图 4－12　保管期限—机构—年度分类法排架

5. 年度—保管期限分类法排架

采用此种分类方法，在库房排架时，每年形成的档案按保管期限依次上架，不必预先留空，避免了倒架，库房管理比较方便。但这种排架方式相同保管期限的档案没有排列在一起，不便于移交进馆。年度—保管期限分类法排架如图 4－13 所示。

2010－永久	2010－10 年	2011－10 年	（空）	（空）
2010－永久	2011－永久	2011－10 年	（空）	（空）
2010－30 年	2011－永久	（空）	（空）	（空）
2010－30 年	2011－30 年	（空）	（空）	（空）
2010－10 年	2011－30 年	（空）	（空）	（空）

图 4－13　年度—保管期限分类法排架

6. 保管期限—年度分类法排架

采用此种分类方法，在库房排架时，需要对不同的保管期限分别排架，同一保管期限的档案再按照年度依次上架。在库房管理时，不同保管期限分别排架，便于档案移交进馆。但这种排架方式每个期限应根据本单位档案形成数量估算预留空架，以备以后各年档案陆续上架，否则需要每年倒架，有时还可能因为预留空架不足而倒架。这种排架方式特别适合档案规模较小的进馆单位，仅需要预留数量较少的空架即可满足管理需要。保管期限—年度分类法排架如图 4－14 所示。

永久－2010	（空）	30 年－2010	（空）	10 年－2010	（空）
永久－2010	（空）	30 年－2010	（空）	10 年－2010	（空）
永久－2011	（空）	30 年－2011	（空）	10 年－2011	（空）
永久－2011	（空）	30 年－2011	（空）	10 年－2011	（空）
（空）	（空）	（空）	（空）	（空）	（空）

图 4－14　保管期限—年度分类法排架

由上可见，归档文件整理的各个环节环环相扣，互相照应。机关单位在进行归档文件整理时，不能仅考虑单位机构情况、归档文件形成规模，还要根据库房情况、档案是否移交进馆等情况确定分类方案、整理方法和排架要求，同时要积极与本地区档案行政管理部门联系，在档案行政管理部门指导下形成最适合本单位的归档文件整理总体方案。

第五章　电子文件的其他整理要求

第一节 对整理的一般要求的适用

前已述及，《规则》中关于整理的一般要求同时适用于纸质归档文件和电子文件整理。不过，由于电子文件存在不同于纸质归档文件的特性，两者在具体适用上也存在一定差异。本节依据《规则》《数字档案室建设指南》和《电子文件归档与电子档案管理规范》（GB/T 18894）的有关要求，对电子文件如何适用归档文件整理的一般要求进行说明。

一、组件（件的组织）

电子文件基本的整理单位适用于《规则》规定。一般情况下，以件作为电子文件的整理单位，即以件为单位，进行文件级整理。

1. 文件、文档的区别

电子文件整理原则上以一份电子文件作为一件进行整理。但在电子文件“件”的确定上，还要明确文件、文档的区别。

（1）文件：对于电子文件来说，一份文件可以包括一个或多个文档（如一份文件中的版式文件正本和流式文件留痕稿等），无论其格式或载体形式如何。由多个文档组成的文件称为组合文件，组成组合文件的文档之间具有管理意义上的紧密关联，二者需要组合在一起才能表示一个完整的业务活动。

（2）文档：与文件相比，文档是指没有经过分类、登记和固化的，尚未被作为文件捕获的计算机文件。

2. 确定电子文件整理单位

通过上述对电子文件的文件、文档概念的分析，可以得出如下结论：

（1）电子文件一般以一份文件作为一件处理，特殊情况下（如来文和复文）多份电子文件可以作为一件。特殊情况下的组件方法可以参照纸质文件办理。

（2）一份电子文件一般由多个文档构成，划分件的时候要将这些文档作为一份文件处理。如发文类的电子文件，一份文件原则上应包含版式文件发文稿纸、版式文件正本和流式文件留痕稿；收文类电子文件原则上应包含版式文件收文处理单和版式文件正本。

(3) 电子文件的元数据一般保存在档案管理系统的数据库中，不会作为一个单独的文档与电子文件内容保存在一起。

3. 电子文件件内的排序

多份电子文件作为一件时，其排列顺序与纸质归档文件的排序相同。一份电子文件包含多个文档时，其排列顺序同样与纸质文件的排序方式相一致，如发文类文件按照版式版式文件正本、文件发文稿纸和流式文件留痕稿顺序排列等。

二、分类

电子文件分类一般应按照《规则》要求，采用“年度—机构（问题）—保管期限”或者“年度—保管期限—机构（问题）”等方法进行三级分类。规模较小或公文办理程序不适于按机构（问题）分类的立档单位，可以采取“年度—保管期限”等方法进行两级分类。电子文件分类时，年度、机构、问题、保管期限等分类方法与纸质文件一致。

不过，在实际工作中，因电子文件形成数量较大，完全参照纸质文件整理方式进行手工分类往往难以操作。同时文档一体化管理也要求在电子文件形成前端即能够按照文件材料归档范围决定电子文件是否有归档价值，按照电子文件分类方案决定归档文件的类别，因此建立计算机识别的电子文件分类方案，实施计算机系统自动分类电子文件势在必行。

电子文件分类方案是在业务应用系统或电子档案管理系统中用于支撑电子文件的捕获、命名、分类、维护、处置和检索的一种层级式分类工具。电子文件分类方案是在选定分类方法的基础上，以文字或图表的形式实现类目体系的表述，即标识各级类目、明确类目之间关系，进而构建分类体系，组织电子文件的等级结构体系。电子文件分类方案反映了机构业务活动及其所产生电子文件的种类，揭示了电子文件之间以及文件与背景之间的有机联系，定义了电子文件的组织方式。电子文件分类方案，作为电子文件分类元数据的控制体系，不仅在电子文件前端控制中占据核心位置，而且还对元数据集成机制下建立起电子文件知识组织体系具有重要支撑作用。电子文件分类方案主要项目如表 5 - 1 所示。

表 5－1　电子文件分类方案主要项目

类目构成	规则
1. 类目标识符	由具备一定意义的字、数字等构成
2. 类目名称	涵义明晰、简洁、易于理解
3. 类目定义	依据权威文献定义
4. 类目适用范围	详细列举所适用的事由范围
5. 类目注释	需要说明的类目事项
6. 保管期限	明确具体保管时间长度
7. 上位类	可能存在的上位类标识符、名称
8. 子类	可能存在的子类标识符、名称
9. 相关类	可能存在的相关类标识符、名称

电子文件分类方案一般应设置在机关办公自动化系统中，通过计算机和文件办理人员的协同方式，对电子文件进行自动（半自动）分类，实现在电子文件办理时期，即可对电子文件进行价值判断和分类，明确电子文件的归档价值和保管期限。在国家标准《电子文件管理系统通用功能要求》（GB/T 29194－2012）中指出“分类方案是电子文件管理业务的基础”、电子档案管理系统应“支持机构建立和维护符合自身实际的分类方案”。在电子档案管理系统中预设电子文件分类方案时，系统应能达到以下要求：

- 以层级式组织电子文件分类方案，不应限制层级数目；
- 每个类目均应提供相应的描述元数据，如类目代码、名称和注释等；
- 类目代码的编码规则；
- 支持分类方案类目的增、删、改、拆、复制等维护处置。

各机关在设置分类方案时，应避免按照载体或者按照电子文件文件格式进行分类。

三、排　列

电子文件分类后，原则上应按照《规则》要求的排列方法，即分类方案的最低一级类目内，按时间结合事由排列；同一事由中的文件，按文件形成先后顺序排列；会议文件、统计报表等成套性文件可集中排列。

电子文件整理一般采用“随办随归”的整理方式，由档案管理系统自动完成。在具体的电子文件排列操作中，可能会有先形成（或者接收）的文件办结时间晚于后形成（或者接收）的文件的情况，如果机械的套用“按时间结合事由排列”的原则，可能会带来一些不必要的困扰。因此电子文件排列时，也可以根据本单位工作实际，灵活采用按照办理完毕的时间进行排列的方式。

四、编号与命名

电子文件是由一个个计算机文件（文档）组成，要做好电子文件的整理和存储工作，首先制定并遵照一个完整系统的命名方案对这些组成电子文件的文档进行命名。一般情况下，组成一件电子文件的文档应以该件电子文件的档号命名。

1. 编号

《规则》要求电子文件档号格式为：全宗号－档案门类代码·年度－保管期限－机构（问题）代码－件号。各单位编制电子文件的档号应遵照以下原则：

（1）以件为单位，按照《规则》进行电子文件档案整理的，应按照《规则》要求确定档号编制方法。

（2）档号应能唯一标识全宗内任一门类的任一件电子文件。

2. 命名

电子文件整理时，文档名可以完全使用《规则》要求的档号格式，也可以去掉档号中的“·”和“－”符号（某些系统不支持使用该符号命名电子文件）或进行适当调整。如档号为“Z109－WS·2011－Y－BGS－0001”的电子文件，在进行文档命名时，一般以“Z109－WS·2011－Y－BGS－0001”命名，也可以修改为“Z109WS2011YBGS0001”或“Z109－WS.2011－Y－BGS－0001”。

应按照以下原则为组成电子文件的文档命名：

（1）组成电子文件的计算机文件应以该电子文件的档号命名，计算机文件名应能在计算机存储器中唯一标识、有序存储全宗内任意一件电子文件、文档。

（2）可以使用“子件号”区分一件电子文件包含的若干文档。

（3）组成电子文件的多份文档，其命名中如使用子件号，则其子件号应按照电子文件中各文档的显示顺序编制。

（4）组成电子文件的文档更名会导致电子文件无法正常显示的，可保留原始文档名。比如网页文件，如果重命名构成网页文件的相应组件文件的名称，则会导致归档的网页文件无法正常显示。这也是通常要求网页文件应固化为版式文件保存的原因之一。

（5）在文档扩展名不同的情况下，也不允许两份文档使用相同的文件名。如一件包含两份文档的电子文件，其正文和留痕定稿虽使用不同的扩展名“PDF”和“DOC”，但其文件名最好能进行区分两份文档并能明确显示文件的前后顺序，不应因不影响在计算机存储系统中保存而取相同的文件名。

五、编　目

电子文件应按照《规则》要求的格式，依据档号顺序编制电子文件目录。电子文件目录推荐由系统生成或使用电子表格进行编制，同时编制符合《规则》要求的电子文件目录封面。

电子文件目录一般保存电子版本即可，但应将其转换为适合长期保存的版式文件格式。有条件的单位还应对电子文件目录进行数字签名。

第二节 格式转换

电子文件格式是指电子文件在计算机等电子设备中组织和存储的编码方式。电子文件的呈现与阅读，需要依靠与其文件格式相对应的阅读软件才能实现，因而文件格式的有效性、可用性通常与操作系统、应用软件甚至是硬件等密切关联。随着技术的发展，一些格式会逐渐被淘汰，因此，适时进行格式转换、归档符合格式要求的电子文件，对于保证电子文件的长期可读、可解析、可理解具有重要意义。

一、常用电子文件格式

现阶段常用的电子文件格式有以下几种：

1. WPS 文件

WPS 文件是金山软件公司办公套件 WPS Office 中文字处理软件的标准文档格式。WPS 文件具有国家自主知识产权，基于 XML 标准，文件安全性较高，其中文排版技术领先于微软公司 Office 办公套件。而且，WPS 文件具有优异的跨平台性能，可以兼容 Windows、Linux 和安卓等操作系统平台。

2. DOC（X）文件

DOC 文件是微软公司 Office 办公套件文字处理软件 Word 的专有默认文件格式，是现阶段较为流行的文件格式。与 RTF、HTML 等文件格式相比，DOC 文件可容纳更多文字格式、脚本语言等信息，但由于 DOC 文件属于封闭格式，因而其兼容性也较低。DOCX 是 Microsoft Office2007 之后版本使用的文件格式。该格式用新的基于 XML 的压缩文件格式取代了其目前专有的默认文件格式，文件名扩展名也在传统文件名扩展名 DOC 基础上添加了字母 X。

3. RTF 文件

RTF（Rich Text Format，多文本格式文件，也称富文本格式）是由微软公司开发的跨平台文档格式。RTF 格式较为通用，有很好的兼容性，大多数的文字处理软件都能读取和保存 RTF 文档。RTF 文件通用兼容性应该是 RTF 的最大优点，但也因此带来一些问题，比如文件一般相对较大、WORD

等应用软件特有的格式可能无法正常保存等。

4. OFD 文件

OFD（Open Fixed - layout Document，开放版式文件）是按照我国工业和信息化部组织成立的电子文件存储和交换格式工作组版式文档编写组制订的版式文档标准，形成的版式文件格式。OFD 文件具有国家自主知识产权，基于 XML 标准，易于理解和扩展；支持标准的 XML 签名标准，支持版式技术的基本集，体系简单，易于实现；支持与流式兼容的底纹模型；标注采用非接触式，容易提取和访问等优点。OFD 文件也存在应用描述较少、有待扩充和推广等缺点。

5. PDF 文件

PDF（Portable Document Format，便携式文档格式）是一种以二进制方式储存的格式，是美国 Adobe 公司于 1993 年开发的一种电子文件格式。PDF 格式不依赖计算机的硬件配置、操作系统和创建文件时的应用程序，能忠实地再现原文，还具有文字检索和文件审阅等功能，所以在国际上被迅速推广应用。PDF 格式已于 2005 年被国际标准化组织审核通过成为国际标准格式，标准号为 ISO 19005 - 1：2005。

6. PDF/A 文件

PDF/A（PDF/Archive）格式是 PDF 格式的子集。PDF/A 标准是美国印刷、出版及纸品加工设备器材供应商协会（NPES）和美国国际图像信息管理协会（AIIM）共同发起的，主要是为了满足两方面的需要：一是为电子归档工作寻找一个能够长期、安全保存文件内容的方式；二是在将来检索时，能够保证文件拥有始终如一的显示效果。作为电子档案保存的最佳解决方案，PDF/A 标准在成为业界事实标准后，于 2005 年 5 月，又获国际标准化组织 ISO 批准，成为一项国际标准。中国作为 ISO 组织的成员国，也在此过程中对 PDF/A 标准进行了详细的评估和审阅，并给出了积极的评价。

7. TIFF 文件

TIFF（Tagged Image File Format，标记图像文件格式）是由 Aldus 公司与微软公司一起为 PostScript 打印开发的一种位图图像格式。TIFF 支持多种编码方法，其中包括 RGB 无压缩、RLE 压缩、LZW 压缩、ZIP 压缩、CCITT 压缩、JPEG 压缩等。TIFF 格式存储图像质量高，十分有利于文档原稿的复制，另外所有绘画、图像编辑和页面排版应用程序以及大多数扫描仪对 TIFF 格式都提供良好的支持，这使得 TIFF 格式成为数字图像处理的最好选择。

二、电子文件的归档格式要求

在电子文件整理工作中，每一件电子文件均可能涉及多种类型的文件格式。如电子公文的正文以版式文档生成，文件格式可能是 PDF；附件、定稿可能以流式文档生成，使用 DOC、XLS 等文件格式，文件处理单则可能以 HTML 或 TIFF 文件格式生成。因此，各单位电子文件收集归档时，应结合数字档案资源长期保存需求和信息化建设规律，按照格式选择标准确定电子文件的文件格式。

在格式选择上，一般要求以通用格式形成、收集并归档电子文件，或在归档前将电子文件转换为通用格式；电子文件归档格式应具备格式开放、不绑定软硬件、显示一致性、可转换、易于利用等性能，能够支持同级国家档案馆向长期保存格式转换。可以看出，对于电子文件归档格式，最关键的就是"通用"和"开放"。"通用"是指电子文件归档格式要能够在绝大多数计算机上正常的显示和浏览，要做到这一点，电子文件格式要符合国家标准或者国际通用标准。"开放"是指电子文件采取公开的格式标准，任何人都可以按照公开的文件标准对电子文件进行正常的解析和浏览。如果能做到这一点，不管计算机软硬件水平如何发展，电子文件都可以自由的进行转换和迁移，只有这样，才能真正实现电子文件长期保存的目标。

2014 年，国家档案局印发《数字档案室建设指南》，对文书类电子文件的归档格式做出规定：

● 电子公文的正本、定稿、公文处理单应以 OFD、PDF、PDF/A 等版式文档格式归档保存，版式文档格式应符合《版式电子文件长期保存格式需求》（DA/T 47－2009），并支持向同级国家综合档案馆采用的长期保存格式转换。

● 集中记录修改过程的彩色留痕稿以及确有必要保存的重要修改稿可以 WPS、RTF、DOC 等同级国家综合档案馆认可的格式归档保存。

需要指出的是，纸质归档文件的数字化副本也可以使用 TIFF、JPEG 等文件格式进行归档。

三、电子文件格式转换

电子文件格式转换就是指将不符合归档要求的电子文件格式转换为符合《数字档案室建设指南》要求的归档文件格式。

1. 电子文件格式转换的主要目的是为了长期保存和长久可用。在实践中，电子文件格式转换一般选择在电子文件归档时进行。

实行文档一体化的单位，可以在办公自动化系统与档案系统的归档接口中集成文件格式转换服务，对不符合归档格式要求的归档电子文件自动进行格式转换。未实行文档一体化的单位，可在电子文件整理归档时，由有关档案整理人员手工完成不符合归档格式要求电子文件的格式转换工作。

无论自动格式转换还是手工格式转换，电子文件格式转换完成后，应以计算机自动检查与人工抽查相结合的手段，开展文件格式转换质量检查，确保电子文件格式转换后的文档内容和表现形式与转换前保持一致。

2. 电子文件格式转换时，应符合下列要求：

（1）归档时，不符合归档文件格式要求的电子文件原则上都应进行格式转换；

（2）转换后文档内容和表现形式与转换前没有明显区别；

（3）在条件允许的情况下，格式转换前后的电子文件均应归档；

（4）电子文件格式转换时，应同时去除源文件中的全部加密措施；

（5）有条件的单位，可以采取双层 PDF 等技术，使转换后的电子文件同时具备全文检索能力。

第三节　元数据收集

《信息与文献—文件管理　第 1 部分：通则》（GB/T 26162.1－2010）规定，元数据是描述文件背景、内容、结构及其整个管理过程的数据。元数据对于确保并且证明电子文件的真实性和凭证价值、电子文件的保护与长期保存、有效管理电子文件、方便电子文件的查询和利用具有重要作用。

一、元数据收集要求

各单位在开展电子文件元数据收集时，应按照前端控制和全程管理的要求，从电子文件形成阶段就开展鉴定工作，对于应归档的电子文件，应立即将其纳入“全程管理”的范畴，监督其元数据的形成与管理，并及时予以捕获。根据文件运动模型中管理域的划分，电子文件元数据的收集分为形成、捕获两个阶段。

电子文件形成阶段是元数据管理最关键的阶段。所谓前端控制和全程管理，主要是在电子文件形成阶段就对其元数据的形成和积累进行管理，在电子文件形成到永久保存或销毁的整个生命周期全过程中齐全完整地留存构成电子文件的内容、背景和结构要素，将形成、流转、收集、整理、保管等工作环节有机联系在一起，从而确保并且能够证明电子文件的真实性。为此，在电子文件形成过程中应该由业务系统（如办公自动化系统等）自动记录电子文档的特征和结构；更重要的是（也是最容易遗漏的）应该关注记录电子文件的背景信息，尤其是记录背景信息中能够表达文件管理过程方面的信息。

电子文件一旦正式形成，业务系统即应实时完整捕获电子文件自身及其元数据，元数据管理进入捕获阶段。鉴于电子文件易逝性、易变性的特点，为保证其真实性、完整性、可用性和证据价值，必须在电子文件形成（或收到）的同时，在第一时间由系统主动将其捕获。“捕获”可以有两种形式。一般情况下主要为逻辑上实时捕获（即逻辑归档）；另一种为物理上捕获（即物理归档）。在两种“捕获”进行的同时，都应该继续关注背景信息和电子文档信息的记录并且由档案人员进行再次鉴定（真实性鉴定、价值鉴定与技术状况鉴定全面进行）。

各单位在实际工作中，一般应通过业务系统，在电子文件形成、办理或收集过程中自动捕获有关电子文件内容、背景、结构和管理过程的元数据。在这种情况下，各单位应尽量做好业务系统与电子档案管理系统的沟通与衔接，如明确电子文件元数据归档范围，明确标注元数据项目是必填项还是选填项，标注元数据项目的填写内容和要求等，便于业务系统开展电子文件元数据的形成和捕获。

对于不能通过业务系统归档的电子文件，各单位应按照本节关于元数据归档范围的有关要求，结合单位电子文件管理实际，可以采用 WPS 表格等工具尽量齐全地手工著录有关电子文件内容方面的元数据。

二、元数据收集范围

2009 年，国家行业标准《文书类电子文件元数据方案（DA/T 46 - 2009）》发布施行，提出文书类电子文件元数据收集积累的有关要求。一般来说，文书类电子文件应把表 5 - 2 所列元数据列入归档范围。

表 5 - 2　文书类电子文件元数据归档范围

编号	元数据	编号	元数据
M22	题名		
M23	并列题名		
M24	副题名		
M31	文件编号		
M32	责任者		
M33	日期		
M12	保管期限		
M13	机构或问题		
M35	紧急程度		
M36	主送		
M37	抄送		
M38	密级		

编号	元数据	编号	元数据
M51	信息系统描述		
M214	文档	M19	文档序号
		M45	稿本
		M47	格式信息
		M48	计算机文件名
		M49	计算机文件大小
		M50	文档创建程序
M226	业务实体	M81	业务行为
		M82	行为时间
		M77	机构人员名称

注：元数据“M214 文档”和“M226 业务实体”引用自《基于 XML 的电子文件封装规范》（DA/T 48－2009），其它元数据引用自《文书类电子文件元数据方案》（DA/T 46—2009）。

文书类电子文件元数据归档范围表包括了 24 项元数据项目，正确理解文书类电子文件元数据归档范围表需要注意以下问题：

1. 文书类电子文件元数据归档范围表仅规定了文书类电子文件在归档时需要收集捕获的元数据，并不包括归档后为电子文件赋予的其他类型的元数据项目，如：档号、分类号、档案馆代码等。

2. 文书类电子文件元数据归档范围表规定的是文书类电子文件元数据最基本的归档范围，也就是元数据归档范围基本集，各单位可根据自身实际添加适合本单位文件、档案管理的元数据项目。

3. 文书类电子文件元数据归档范围表中的编号与《文书类电子文件元数据方案》（DA/T 46－2009）和《基于 XML 的电子文件封装规范》（DA/T 48－2009）中相对应的元数据项目编号一致。元数据归档范围表中元数据项目的定义见下表，具体描述可参见上述两个标准。表中元数据名称前加“＊”的项目为必填项。

表 5－3　元数据项目的定义

编号	元数据	定义
M22	*题名	又称标题、题目，是表达电子文件中心内容和形式特征的名称
M23	并列题名	以第二种语言文字书写的与题名对照并列的题名
M24	副题名	解释或从属于题名的另一题名
M31	文件编号	文件制发过程中由制发机关、团体或个人赋予文件的顺序号，也称文号
M32	*责任者	对电子文件内容进行创造、负有责任的团体或个人
M33	*日期	文件形成的日期或者案卷内文件的起止日期
M12	*保管期限	对电子文件划定的存留年限
M13	机构或问题	对电子文件进行实体分类整理时按部门或问题分类的结果
M35	紧急程度	公文送达和办理时间要求的急缓等级
M36	主送	文件的主要受理者
M37	抄送	除主送者以外需要执行或知晓文件的其他受文者
M38	密级	电子文件保密程度的等级
M51	*信息系统描述	生成或管理电子文件的信息系统的描述信息。一般著录信息系统的名称、版本、功能、开发商名称
M214	*文档	归档文件最小的文件单元，可以是一个独立的自然件，也可以是组合文件中的某一自然件或某一自然件的附件
M19	*文档序号	文档在组合文件中的排列顺序号
M45	*稿本	文件的文稿、文本和版本。如：草稿、定稿、正本、副本、试行本、修订本等
M47	*格式信息	电子文件格式的一组描述信息。如：格式名称：XXXX，格式版本：XXX，MIME 媒体类型：XXXX

编号	元数据	定义
M48	＊计算机文件名	标识计算机文件的一组特定字串。一般由主文件名和扩展名组成，必要时，可增加著录路径
M49	＊计算机文件大小	计算机文件的字节数。计算机文件大小的统计单位为“字节”，本元素的值由数量和单位两部分组成，例如：1024字节
M50	文档创建程序	形成和处理文档的程序名称和版本
M226	＊业务实体	描述电子文件形成、处理和管理等业务行为的一组元素
M81	＊业务行为	履行电子文件形成、处理、管理等业务的具体行为。如拟稿、会签、审核、签发、用印、登记、拟办、批办、承办、催办等
M82	＊行为时间	实施具体业务行为的时间或时间段。一般著录产生行为结果时间（通常为行为结束时间）；必要时，同时著录行为开始时间至结束时间的时间段或著录行为受理时间至移送时间的时间段
M77	＊机构人员名称	形成、处理和管理电子文件的单位、机构、人员称谓。著录全称或规范化的简称

4. 应归档业务实体元数据（M226）应包括拟稿、会签、审核、签发、用印、登记、拟办、批办、承办、催办等业务行为，以及行为时间、机构人员名称等描述信息。

5. 科技类、专业类电子文件管理方式与文书类电子文件类似的，其元数据归档范围可以参考文书类电子文件元数据归档范围。

一份文书类电子文件的元数据归档时，如果采用 XML 文件格式，其内容应如下所示：

〈电子文件〉

〈题名〉关于发布《数字档案室建设指南》的通知〈/题名〉

〈并列题名〉〈/并列题名〉（注：文件如没有并列提名，该项目可以省略）

〈副题名〉〈/副题名〉

〈文件编号〉档发［2014］4号〈/文件编号〉

〈责任者〉国家档案局〈/责任者〉

〈日期〉20140714〈/日期〉

〈保管期限〉永久〈/保管期限〉

〈机构或问题〉档案馆（室）司〈/机构或问题〉

〈紧急程度〉〈/紧急程度〉

〈主送〉各省、自治区、直辖市档案局、馆…〈/主送〉

〈抄送〉〈/抄送〉

〈密级〉公开〈/密级〉

〈信息系统描述〉国家档案局公文处理系统，版本1.0，用于国家档案局公文流转和处理，开发商××公司〈/信息系统描述〉

〈文档〉

〈文档序号〉1〈/文档序号〉

〈稿本〉正本〈/稿本〉

〈格式信息〉格式名称：PDF/A，格式版本：1，MIME媒体类型：pdf application/pdf〈/格式信息〉

〈计算机文件名〉关于发布《数字档案室建设指南》的通知.pdf〈/计算机文件名〉

〈计算机文件大小〉506045字节〈/计算机文件大小〉

〈文档创建程序〉Adobe Acrobat 9 Pro〈/文档创建程序〉

〈/文档〉

〈文档〉

〈文档序号〉2〈/文档序号〉

〈稿本〉发文稿纸〈/稿本〉

〈格式信息〉格式名称：PDF/A，格式版本：1，MIME媒体类型：pdf application/pdf〈/格式信息〉

〈计算机文件名〉关于发布《数字档案室建设指南》的通知发文稿纸.pdf〈/计算机文件名〉

〈计算机文件大小〉51085字节〈/计算机文件大小〉

〈文档创建程序〉Adobe Acrobat 9 Pro〈/文档创建程序〉

〈/文档〉

〈文档〉

〈文档序号〉3〈/文档序号〉

〈稿本〉留痕稿〈/稿本〉

〈格式信息〉格式名称：DOCX，格式版本：2013，MIME 媒体类型：application/vnd. openxmlformats - officedocument. wordprocessingml. document〈/格式信息〉

〈计算机文件名〉关于发布《数字档案室建设指南》的通知修改稿 . docx〈/计算机文件名〉

〈计算机文件大小〉229024 字节〈/计算机文件大小〉

〈文档创建程序〉Microsoft Word 2013〈/文档创建程序〉

〈/文档〉

〈业务实体〉

〈业务行为〉拟稿〈/业务行为〉

〈行为时间〉2014 - 02 - 17〈/行为时间〉

〈机构人员名称〉×××〈/机构人员名称〉

〈/业务实体〉

〈业务实体〉

〈业务行为〉签发〈/业务行为〉

〈行为时间〉2014 - 07 - 14〈/行为时间〉

〈机构人员名称〉×××〈/机构人员名称〉

〈/业务实体〉（注：因篇幅有限，业务实体没有全部列出）

〈/电子文件〉

第四节　归档数据包组织

电子文件归档时，各单位业务系统要以一定的格式组织和存储电子文件和对应的元数据，以便于电子档案管理系统可以方便有效地解析和读取。通过文档一体化模式开展电子文件归档时，电子文件的内容和元数据可通过网络自动传输到电子档案管理系统，档案管理人员可以不用考虑电子文件数据包组织问题。本节主要介绍通过数据接口形式开展电子文件归档时，其内容和元数据的组织形式。

一、归档数据包的产生

业务系统与电子档案管理系统无法实现数据互联互通情况下，应根据本单位电子文件管理实际，依据电子文件和元数据归档范围、归档时间和归档要求等，制定本单位业务系统和电子档案管理系统均能接受的电子文件和元数据归档接口格式。归档时业务系统按照接口格式导出应归档的电子文件和元数据（导出的电子文件可由用户选择或者由系统按照规则自动选择），形式归档数据包，电子档案管理系统则按照接口格式读取归档数据包，完成电子文件和元数据归档工作。

各单位在设计电子文件和元数据归档接口时要着重考虑归档数据包的存储结构设计。在设置电子文件存储结构时应该以便于存储和访问管理为原则，可以和分类方案不完全对应。一般不建议采用将电子文件混淆、打乱的存储方式：即将电子文件比特流打碎成多份，随机存储在不同的存储地址中，需要访问时通过存储管理软件快速恢复电子文件；或者对电子文件进行加密、混淆处理。以上这些做法会使电子文件的存储、访问管理完全依赖于第三方管理软件，一旦软件系统崩溃，将给电子文件归档数据包解析产生不利影响。

常用的归档数据包有两种形式：即文件包形式和封装包形式，以下分别予以说明。

二、文件包形式归档数据包

文件包形式是将电子文件和元数据分别保存为格式文件，然后将这些文件按照一定的关系组织在一起，形成一个“包”形式的文件组合。

1. 文件包结构

典型的归档文件包结构如图 5－1 所示：

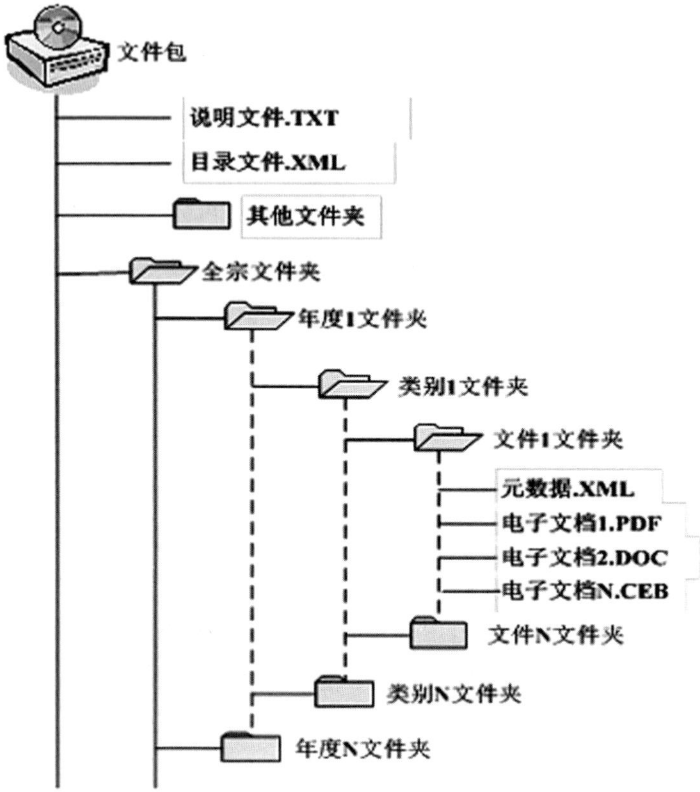

图 5－1　归档文件包结构图

2. 文件包的内容与规范

说明文件命名为“说明文件 . TXT”，一个归档数据包只有一个说明文件，存放本数据包有关信息，包括数据包参数（如数据包容量、数据包基本内容等）、数据包编号、数据包归档单位、数据包检查单位、读取本数据包内电子文件和元数据所需要的软硬件环境及其他各种有助于说明本数据包的信息。

目录文件命名为“目录文件 . XML”，存放有关电子文件的目录信息，目录文件中的每条记录与每份电子文件相对应，每条记录中包括数据包内电子文件顺序号、档号、文号、责任者、题名、日期、密级、页数、电子文件名称、备注等内容。目录文件 XML 信息格式如下（encoding 属性值可以是" GB18030"、" GB2312"、" UTF－8"）：

```
〈? xml version = "1.0" encoding = "GB18030"?〉
〈文件目录〉
    〈文件〉
        〈顺序号〉　〈/顺序号〉
        〈档号〉　〈/档号〉
        〈文号〉　〈/文号〉
        〈责任者〉　〈/责任者〉
        〈题名〉　〈/题名〉
        〈日期〉　〈/日期〉
        〈密级〉　〈/密级〉
        〈页数〉　〈/页数〉
        〈电子文件名称〉　〈/电子文件名称〉
        〈备注〉　〈/备注〉
    〈/文件〉
    〈文件〉
    ………
    〈/文件〉
    ………
〈/文件目录〉
```

其他文件夹命名为“其他”，存放各种其他存入载体的文件，主要包括：所采用的元数据规范、数据封装规范、分类编号规则、文件命名规则、XML 模式及电子文件归档交接信息（包含交接、迁移、转换、保存等元数据和《电子档案移交与接收登记表》的扫描件或电子签名件）等等，这些文件应采用文本、XML 和其他符合长期保存要求的文件格式。

电子文件文件夹（图 5－1 中的“全宗文件夹”及其内部包含的全部内容）一般按照档案管理的惯例以全宗号命名（没有全宗号的单位可以使用其他代码代替，只要能区分开不同的立档单位即可），用于存放电子文件及其元数据。电子文件文件夹一般按年度－类别－文件的层次设置最底一层文件夹。根据档案整理和分类方法以及实际情况可对存储结构中的类别、文件等层级进行取舍。

最底一层文件夹，也就是电子文件文件夹内最底层的存放电子文件内容和元数据的文件夹（图 5－1 中的“文件 1 文件夹”等）一般以文书处理号、件号、流水号命名，其中存放电子文件的元数据和电子文档。元数据包括过程信息、电子文档信息等内容。过程信息描述方式举例如下：

〈? xml version = "1.0" encoding = "GB18030"?〉
〈过程信息〉
〈电子文档〉
〈记录流水号〉〈/记录流水号〉
〈处理类型〉〈/处理类型〉
〈处理者〉〈/处理者〉
〈处理部门〉〈/处理部门〉
〈处理时间〉〈/处理时间〉
〈处理意见〉〈/处理意见〉
〈接收时间〉〈/接收时间〉
〈/电子文档〉
〈电子文档〉
………
〈/电子文档〉
………
〈/过程信息〉

电子文档信息描述方式举例如下：

〈? xml version = "1.0" encoding = "GB18030"?〉
〈电子文档信息〉
〈电子文档〉
〈电子文档号〉〈/电子文档号〉
〈电子文档名称〉〈/电子文档名称〉
〈文件大小〉〈/文件大小〉
〈文件格式〉〈/文件格式〉
〈生成时间〉〈/生成时间〉
〈生成环境〉〈/生成环境〉
〈/电子文档〉
〈电子文档〉
………
〈/电子文档〉
………
〈/电子文档信息〉

三、封装包形式文件数据包

封装包形式是利用标准的、与软硬件无关的 XML 语言将电子文件与其元数据按照规范结构封装在一个数据包中，以维护电子文件与其元数据的完整性，并保障两者之间的可靠联系，实现电子文件自包含、自描述和自证明。国家档案行业标准《基于 XML 的电子文件封装规范》（DA/T 48－2009）规定了电子文件封装的格式和要求。依据该标准生成的电子文件封装包格式与计算机软硬件无关，是电子文件交换、长期保存和利用的有效形式。

1. 封装包形式的特点

（1）将电子文件及其对应的元数据组合打包成一个文件，便于对电子文件及其对应的元数据进行查看和浏览。电子文件封装包将一份电子文件的各种元数据（包括文件实体、机构人员实体、业务实体等）和电子文件内容（包括组成该电子文件的全部文档、组件）全部有机的组合在一起，打开一个电子文件封装包可以方便的看到该电子文件从“出生”以来的全部管理过程和电子文件的全部内容，非常方便。

（2）电子文件封装包与计算机软硬件无关。电子文件封装一般使用 XML 语言组织电子文件元数据，并将电子文件的内容也按照 XML 语言标准进行编码（BASE64 编码）。任何符合标准要求的电子文件封装包浏览器，均可打开封装包，查看封装包元数据、浏览电子文件内容。

（3）电子文件封装包可以方便地进行电子签名和验证。符合 XML 语言规范的封装包中的全部内容、封装包的某一部分、逐个电子文件内容均可以分别进行电子签名。通过保存的签名结果，任何符合标准设计的封装包浏览器都可以对该封装包的电子签名进行验证，证明电子文件封装包元数据和电子文件内容的原始性，即自封装包形成起没有改动。

2. 封装包的内容选择

电子文件封装包包括电子文件各种元数据和电子文件内容。一般情况下，制作封装包时，电子文件元数据占用存储空间较小，制作封装包时需要的时间可忽略不计，而电子文件内容封装占用的时间相对较长，主要“耗时大户”一是对电子文件进行 BASE64 编码，二是对电子文件进行电子签名。经过实际封装验证，对于占用空间较小的电子文件（一般是 5MB 以内的），BASE64 编码和电子签名需要的时间可以以秒为单位计量，如果电子文件占用空间增大，需要耗费的时间则会倍增，在网络环境下，较大的电子文件会因为网络带宽限制造成更大的延时，容易因为超时而导致封装失败。因此，各单位在实际工作中，应结合实际情况确定封装包中是否封装电子文件内容。

（1）一般的电子文件，其文件内容占用空间不大，在封装时，可以将电子文件内容封装到封装包中。采取这种方式一是电子文件占用空间小，进行封装操作时不会耗费太多时间；二是电子文件内容与元数据封装在一起，浏览和查看比较方面。

（2）部分占用空间较大的电子文件，封装时可以考虑首先通过 MD5 算法或者 SHA1 算法计算电子文件内容摘要（两种算法形成的内容摘要具有占用空间极小，无法逆运算破解特点，而且源文件哪怕改动一个字节，其摘要结果就发生巨大变化），在电子文件封装包的“编码数据”项目中，不保存经过编码的电子文件内容，而是保存电子文件内容摘要，而将真正的电子文件内容按照一定的存储格式与封装包一起保存，还可以在封装包中保存电子文件内容的存储位置。采用电子文件内容与封装包分别保存的方式，可以有效地降低封装包制作时间和封装包内电子文件内容打开浏览时间，同时不影响对封装包保存电子文件内容原始性的验证。

3. 封装包的管理

按照标准形成的电子文件封装包，除了保存电子文件和元数据外，还具有电子签名验证功能和封装包修改功能。因此，归档时捕获的电子文件封装包在完成电子文件归档工作后应进行长久保存，只要电子文件没有销毁，其封装包应一直保存下去。封装包管理中应注意以下问题：

（1）归档时的电子文件封装包一般情况下没有档号，只有电子文件在原业务系统中的电子文件号，无法与归档后的封装包一并管理，因此应按照归档时间和批次建立文件夹，原样保存。

（2）在电子档案管理系统中整理完毕的电子文件，在通过相应的档案检查后应重新封装，参照 OAIS 中电子文件长期保存的要求制作 AIP 包。

四、两种数据包形式异同

文件包和封装包这两种归档数据包形式相同点是都采取 XML 格式组织电子文件的目录数据和元数据，体现了归档数据包与软硬件系统无关的特性。不同点是文件包格式的数据采取分类保存的原则，即目录数据、电子文件内容数据、元数据分别分类保存，查看某一份电子文件及其元数据情况比较麻烦；封装包格式的数据采取逐个电子文件和对应元数据组合保存的方式，单独看一份电子文件比较方便，但是全方位的浏览一次归档的电子文件情况则比较麻烦。

文件包形式的优点在于采取 XML 格式存储数据，数据包实现技术比较简单，文件内容没有进行编码，不需要有专用的文件解析工具就可以方便地查看数据包内容，缺点是不便于对文件进行电子签名；封装包形式优点是便于对每一份归档的电子文件和元数据进行电子签名，可以保留电子文件归档时的“原貌”，通过解析工具可以方便地检查分析归档元数据的齐全完整和数据规范性，缺点在于电子文件内容采用 BASE64 格式编码，不通过解析工具无法直接查看电子文件内容，同时电子文件编码后会增大 1/3，为归档数据包存储带来一定压力。

上述的两种数据包中的元数据格式均是基于 XML 文件格式。一般来说，允许电子文件元数据以 ET、XLS、DBF、XML、JSON 等任一格式，并按规范结构与电子文件一并存储、归档。

第五节　存　储

如同纸质档案排架一样，分门别类、集中有序地存储电子文件以便规范管理和高效利用，是电子文件管理的基本要求。日常电子文件存储包括电子文件内容存储和电子文件元数据存储，一般情况下电子文件内容存储在计算机硬盘或磁盘阵列中，电子文件元数据保存在电子档案管理系统数据库中。因长期保存需要，可将电子文件的内容和元数据通过封装的方法打包在一起，实现电子文件自包含、自描述和自证明，维护电子文件的真实性、完整性、可用性和安全性。

一、电子文件内容存储

电子文件整理完毕后，应依据档号等标识符构成要素在计算机存储器中逐级建立文件夹，分门别类、集中有序地存储电子文件及其组件①，并在元数据中自动记录电子文件在线存储路径。一个单位以件为单位，按照《规则》，以年度—保管期限—机构分类整理的电子文件原则上应按照图 5－2 所示进行存储。

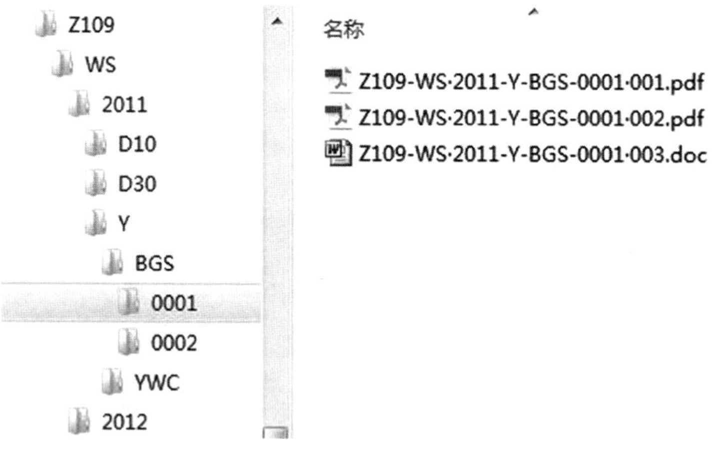

图 5－2　电子文件存储结构图

① 不同于 DA/T 22－2015 组件（件的组成）。此处“组件”采用 GB/T 29194－2012 电子文件管理系统通用功能要求定义 3.4：组件 component，独立的比特流，操作系统下文件系统中管理信息的基本单元。组件是相互独立的，它可以单独或与其他组件一起构成文档。

1. 第一层级文件夹为单位的全宗号，如：Z109。

2. 第二层级文件夹为档案门类代码，如：WS。

3. 第三层级文件夹为年度，多个年度的电子文件应在“档案门类代码”文件夹内，分别建立年度文件夹，如图 5－3 所示。

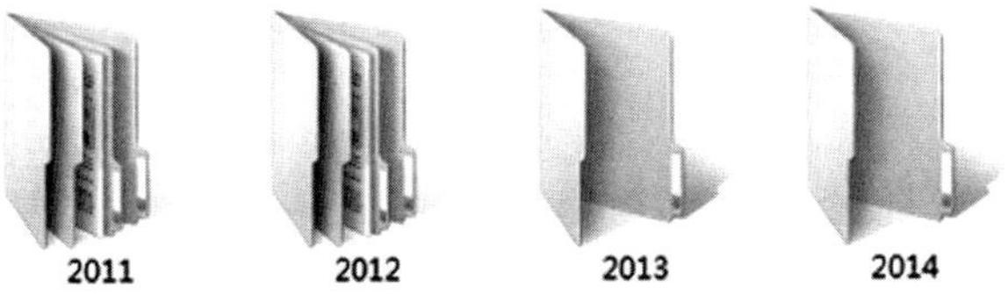

图 5－3　年度文件夹

4. 第四层级文件夹为保管期限，保管期限文件夹可用代码命名，分别是 Y、D30 和 D10，如图 5－4 所示。

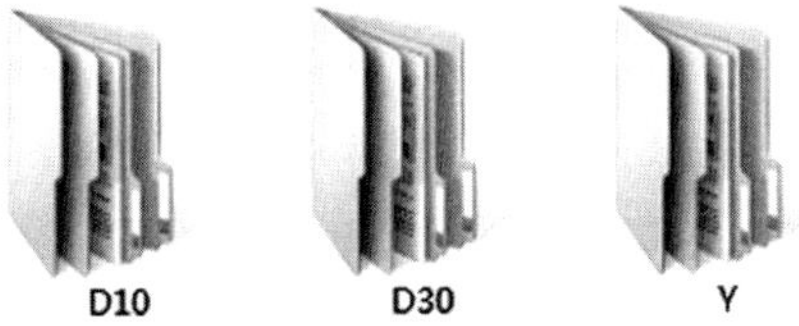

图 5－4　保管期限文件夹

5. 第五层级文件夹为机构（问题），图 5－5 所示为按照机构分类时，建立的机构文件夹。机构文件夹可按照机构代码命名，图示中建立的是办公室和业务处两个机构文件夹。如电子文件按照问题分类，则本层级文件夹应为问题文件夹。如果直接采取年度—保管期限分类方案进行电子文件整理，则此层级应略去。

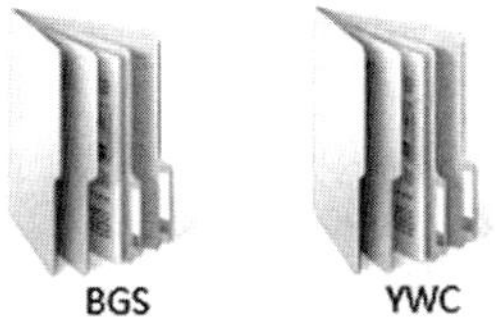

图 5－5　机构文件夹

6. 第六层级文件夹为件号，应按照电子文件的分类，逐个建立件号文件夹，如图 5－6 所示。

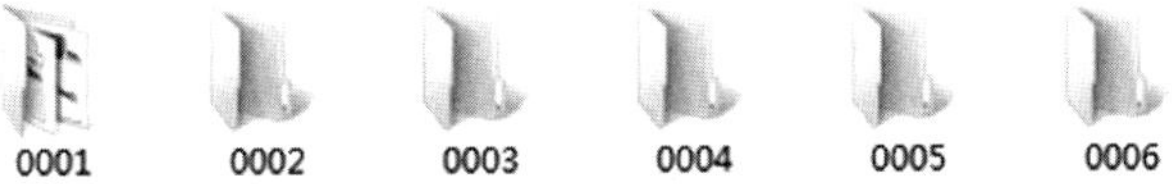

图 5－6　件号文件夹

7. 在件号文件夹内存储的就是该件电子文件包含的全部计算机文件，如图 5－7 所示。

图 5－7　件号文件夹存储的电子文件内容

二、元数据存储

在电子档案管理系统中，电子文件元数据一般使用关系型数据库（如 Oracle、SQL Server、Access 等）进行管理。元数据在关系数据库中存储时，因不同类型的元数据项目与电子文件的对应关系不同，需要区分几个数据表存储和管理电子文件元数据。

电子文件元数据在系统内可分成文件实体信息、文档信息、业务实体信息等数据表进行管理。

1. 文件实体数据表。该表保存与电子文件存在“一对一”关系的文件实体元数据，数据表中的每一条记录对应一件电子文件实体信息。一般以档号项目为主键（即区分数据表中不同记录行的唯一标识），每个元数据项目作为数据表的一个字段。如一件电子文件的题名、文件编号、密级等，每一件电子文件只有一个题名、一个文件编号等，这些元数据项目属于和电子文件就是“一对一”的关系。

2. 文档信息数据表。该表保存与电子文件存在“一对多”关系的、与电子文件所包含的文档有关的元数据项目，如文档序号、稿本、格式信息、计算机文件名、计算机文件大小、文档创建程序等。数据表中的每一条记录对应一份电子文件包含的一个电子文档信息。文档信息数据表可以以计算机可识别的唯一代码（如：GUID）作为主键，与文件实体数据表的档号项目建立关联。这样，通过在该数据表中查找档号项目，即可以找到与该档号电子文件对应的全部电子文档。

3. 业务实体信息数据表。与“文档信息数据表”相似，业务实体信息数据表保存与电子文件存在“一对多”关系的、与电子文件业务实体有关的元数据项目，如业务行为、行为时间、机构人员名称等。数据表中的每一条记录对应一份电子文件的一项业务记录，如一件电子文件可能包含拟稿、审核、签发等业务记录，一项业务记录在该数据表中就是一条记录。业务实体信息数据表可以以计算机可识别的唯一代码（如：GUID）作为主键，与文件实体数据表的档号项目建立关联。这样，通过在该数据表中查找档号项目，即可以找到与该档号电子文件对应的全部业务记录。

三、封装包存储

按照电子文件长期保存管理的要求，电子文件封装包在电子文件生命周期中均应长期保存。一般情况下，封装包应单独存储保存。

一般来说，一件电子文件封装一个封装包，因此，电子文件封装包命名可以参考电子文件档号模式。如：档号为 Z109 - WS · 2011 - Y - BGS - 0001 的电子文件，其封装包文件可命名为 Z109 - WS · 2011 - Y - BGS - 0001. eep。

封装包存储时也应按照档号的层级结构，构建类似电子文件存储结构的层级文件夹，不同的是存储封装包时，不需要建立件号层级文件夹，而是将一个年度、保管期限、机构（问题）的封装包一并放在“机构（问题）”文件夹中即可，如图 5 - 8 所示。

图 5 - 8　电子文件封装包存储结构

作为长期保存用途存储的电子文件封装包，就如同传统实体档案库房中保存的档案。因此，整理制作完毕的电子文件封装包不能随意修改，如确需修改的，在按照相应的程序进行审批、修改后，应对电子文件进行重新封装。多次封装应按照《基于 XML 的电子文件封装规范》的“修改封装”要求构建修改型封装包。修改型封装包是在原封装包（除封装包格式描述、版本和锁定签名元素外）的基础上增加封装一个修订层，修订层包含全部电子文件元数据、被修改的数据（当原封装包中的数据未被修改时，修订层引用该数据的标识符）、电子签名、锁定签名和修订封装描述信息。封装包每修改一次增加一个修订层，形成“洋葱型”的电子文件封装包。“洋葱型”的电子文件封装包应一直保存，直到电子文件移交进馆或销毁。

以上各节内容构成了有关电子文件整理的一般要求。机关单位在进行电子文件整理时，应按照上述要求执行。涉及电子文件管理、利用和长期保存等有关要求，则应执行《数字档案室建设指南》和《电子文件归档与电子档案管理规范》（GB/T 18894）的相关规定。

附录 1

党政机关公文处理工作条例

第一章　总　则

第一条　为了适应中国共产党机关和国家行政机关（以下简称党政机关）工作需要，推进党政机关公文处理工作科学化、制度化、规范化，制定本条例。

第二条　本条例适用于各级党政机关公文处理工作。

第三条　党政机关公文是党政机关实施领导、履行职能、处理公务的具有特定效力和规范体式的文书，是传达贯彻党和国家的方针政策，公布法规和规章，指导、布置和商洽工作，请示和答复问题，报告、通报和交流情况等的重要工具。

第四条　公文处理工作是指公文拟制、办理、管理等一系列相互关联、衔接有序的工作。

第五条　公文处理工作应当坚持实事求是、准确规范、精简高效、安全保密的原则。

第六条　各级党政机关应当高度重视公文处理工作，加强组织领导，强化队伍建设，设立文秘部门或者由专人负责公文处理工作。

第七条　各级党政机关办公厅（室）主管本机关的公文处理工作，并对下级机关的公文处理工作进行业务指导和督促检查。

第二章　公文种类

第八条　公文种类主要有：

（一）决议。适用于会议讨论通过的重大决策事项。

（二）决定。适用于对重要事项作出决策和部署、奖惩有关单位和人员、变更或者撤销下级机关不适当的决定事项。

（三）命令（令）。适用于公布行政法规和规章、宣布施行重大强制性措施、批准授予和晋升衔级、嘉奖有关单位和人员。

（四）公报。适用于公布重要决定或者重大事项。

（五）公告。适用于向国内外宣布重要事项或者法定事项。

（六）通告。适用于在一定范围内公布应当遵守或者周知的事项。

（七）意见。适用于对重要问题提出见解和处理办法。

（八）通知。适用于发布、传达要求下级机关执行和有关单位周知或者执行的事项，批转、转发公文。

（九）通报。适用于表彰先进、批评错误、传达重要精神和告知重要情况。

（十）报告。适用于向上级机关汇报工作、反映情况，回复上级机关的询问。

（十一）请示。适用于向上级机关请求指示、批准。

（十二）批复。适用于答复下级机关请示事项。

（十三）议案。适用于各级人民政府按照法律程序向同级人民代表大会或者人民代表大会常务委员会提请审议事项。

（十四）函。适用于不相隶属机关之间商洽工作、询问和答复问题、请求批准和答复审批事项。

（十五）纪要。适用于记载会议主要情况和议定事项。

第三章　公文格式

第九条　公文一般由份号、密级和保密期限、紧急程度、发文机关标志、发文字号、签发人、标题、主送机关、正文、附件说明、发文机关署名、成文日期、印章、附注、附件、抄送机关、印发机关和印发日期、页码等组成。

（一）份号。公文印制份数的顺序号。涉密公文应当标注份号。

（二）密级和保密期限。公文的秘密等级和保密的期限。涉密公文应当根据涉密程度分别标注“绝密”“机密”“秘密”和保密期限。

（三）紧急程度。公文送达和办理的时限要求。根据紧急程度，紧急公文应当分别标注“特急”“加急”，电报应当分别标注“特提”“特急”“加急”“平急”。

（四）发文机关标志。由发文机关全称或者规范化简称加“文件”二字组成，也可以使用发文机关全称或者规范化简称。联合行文时，发文机关标志可以并用联合发文机关名称，也可以单独用主办机关名称。

（五）发文字号。由发文机关代字、年份、发文顺序号组成。联合行文时，使用主办机关的发文字号。

（六）签发人。上行文应当标注签发人姓名。

（七）标题。由发文机关名称、事由和文种组成。

（八）主送机关。公文的主要受理机关，应当使用机关全称、规范化简称或者同类型机关统称。

（九）正文。公文的主体，用来表述公文的内容。

（十）附件说明。公文附件的顺序号和名称。

（十一）发文机关署名。署发文机关全称或者规范化简称。

（十二）成文日期。署会议通过或者发文机关负责人签发的日期。联合行文时，署最后签发机关负责人签发的日期。

（十三）印章。公文中有发文机关署名的，应当加盖发文机关印章，并与署名机关相符。有特定发文机关标志的普发性公文和电报可以不加盖印章。

（十四）附注。公文印发传达范围等需要说明的事项。

（十五）附件。公文正文的说明、补充或者参考资料。

（十六）抄送机关。除主送机关外需要执行或者知晓公文内容的其他机关，应当使用机关全称、规范化简称或者同类型机关统称。

（十七）印发机关和印发日期。公文的送印机关和送印日期。

（十八）页码。公文页数顺序号。

第十条 公文的版式按照《党政机关公文格式》国家标准执行。

第十一条 公文使用的汉字、数字、外文字符、计量单位和标点符号等，按照有关国家标准和规定执行。民族自治地方的公文，可以并用汉字和当地通用的少数民族文字。

第十二条 公文用纸幅面采用国际标准 A4 型。特殊形式的公文用纸幅面，根据实际需要确定。

第四章 行文规则

第十三条 行文应当确有必要，讲求实效，注重针对性和可操作性。

第十四条 行文关系根据隶属关系和职权范围确定。一般不得越级行文，特殊情况需要越级行文的，应当同时抄送被越过的机关。

第十五条 向上级机关行文，应当遵循以下规则：

（一）原则上主送一个上级机关，根据需要同时抄送相关上级机关和同级机关，不抄送下级机关。

（二）党委、政府的部门向上级主管部门请示、报告重大事项，应当经本级党委、政府同意或者授权；属于部门职权范围内的事项应当直接报送上级主管部门。

（三）下级机关的请示事项，如需以本机关名义向上级机关请示，应当提出倾向性意见后上报，不得原文转报上级机关。

（四）请示应当一文一事。不得在报告等非请示性公文中夹带请示事项。

（五）除上级机关负责人直接交办事项外，不得以本机关名义向上级机关负责人报送公文，不得以本机关负责人名义向上级机关报送公文。

（六）受双重领导的机关向一个上级机关行文，必要时抄送另一个上级机关。

第十六条 向下级机关行文，应当遵循以下规则：

（一）主送受理机关，根据需要抄送相关机关。重要行文应当同时抄送发文机关的直接上级机关。

（二）党委、政府的办公厅（室）根据本级党委、政府授权，可以向下级党委、政府行文，其他部门和单位不得向下级党委、政府发布指令性公文或者在公文中向下级党委、政府提出指令性要求。需经政府审批的具体事项，经政府同意后可以由政府职能部门行文，文中须注明已经政府同意。

（三）党委、政府的部门在各自职权范围内可以向下级党委、政府的相关部门行文。

（四）涉及多个部门职权范围内的事务，部门之间未协商一致的，不得向下行文；擅自行文的，上级机关应当责令其纠正或者撤销。

（五）上级机关向受双重领导的下级机关行文，必要时抄送该下级机关的另一个上级机关。

第十七条 同级党政机关、党政机关与其他同级机关必要时可以联合行文。属于党委、政府各自职权范围内的工作，不得联合行文。

党委、政府的部门依据职权可以相互行文。

部门内设机构除办公厅（室）外不得对外正式行文。

第五章 公文拟制

第十八条 公文拟制包括公文的起草、审核、签发等程序。

第十九条 公文起草应当做到:

(一) 符合党的理论路线方针政策和国家法律法规，完整准确体现发文机关意图，并同现行有关公文相衔接。

(二) 一切从实际出发，分析问题实事求是，所提政策措施和办法切实可行。

(三) 内容简洁，主题突出，观点鲜明，结构严谨，表述准确，文字精练。

(四) 文种正确，格式规范。

(五) 深入调查研究，充分进行论证，广泛听取意见。

(六) 公文涉及其他地区或者部门职权范围内的事项，起草单位必须征求相关地区或者部门意见，力求达成一致。

(七) 机关负责人应当主持、指导重要公文起草工作。

第二十条 公文文稿签发前，应当由发文机关办公厅（室）进行审核。审核的重点是:

(一) 行文理由是否充分，行文依据是否准确。

(二) 内容是否符合党的理论路线方针政策和国家法律法规；是否完整准确体现发文机关意图；是否同现行有关公文相衔接；所提政策措施和办法是否切实可行。

(三) 涉及有关地区或者部门职权范围内的事项是否经过充分协商并达成一致意见。

(四) 文种是否正确，格式是否规范；人名、地名、时间、数字、段落顺序、引文等是否准确；文字、数字、计量单位和标点符号等用法是否规范。

(五) 其他内容是否符合公文起草的有关要求。

需要发文机关审议的重要公文文稿，审议前由发文机关办公厅（室）进行初核。

第二十一条 经审核不宜发文的公文文稿，应当退回起草单位并说明理由；符合发文条件但内容需作进一步研究和修改的，由起草单位修改后重新报送。

第二十二条 公文应当经本机关负责人审批签发。重要公文和上行文由机关主要负责人签发。党委、政府的办公厅（室）根据党委、政府授权制发的公文，由受权机关主要负责人签发或者按照有关规定签发。签发人签发公文，应当签署意见、姓名和完整日期；圈阅或者签名的，视为同意。联合发文由所有联署机关的负责人会签。

第六章 公文办理

第二十三条 公文办理包括收文办理、发文办理和整理归档。

第二十四条 收文办理主要程序是：

（一）签收。对收到的公文应当逐件清点，核对无误后签字或者盖章，并注明签收时间。

（二）登记。对公文的主要信息和办理情况应当详细记载。

（三）初审。对收到的公文应当进行初审。初审的重点是：是否应当由本机关办理，是否符合行文规则，文种、格式是否符合要求，涉及其他地区或者部门职权范围内的事项是否已经协商、会签，是否符合公文起草的其他要求。经初审不符合规定的公文，应当及时退回来文单位并说明理由。

（四）承办。阅知性公文应当根据公文内容、要求和工作需要确定范围后分送。批办性公文应当提出拟办意见报本机关负责人批示或者转有关部门办理；需要两个以上部门办理的，应当明确主办部门。紧急公文应当明确办理时限。承办部门对交办的公文应当及时办理，有明确办理时限要求的应当在规定时限内办理完毕。

（五）传阅。根据领导批示和工作需要将公文及时送传阅对象阅知或者批示。办理公文传阅应当随时掌握公文去向，不得漏传、误传、延误。

（六）催办。及时了解掌握公文的办理进展情况，督促承办部门按期办结。紧急公文或者重要公文应当由专人负责催办。

（七）答复。公文的办理结果应当及时答复来文单位，并根据需要告知相关单位。

第二十五条 发文办理主要程序是：

（一）复核。已经发文机关负责人签批的公文，印发前应当对公文的审批手续、内容、文种、格式等进行复核；需作实质性修改的，应当报原签批人复审。

（二）登记。对复核后的公文，应当确定发文字号、分送范围和印制份数并详细记载。

（三）印制。公文印制必须确保质量和时效。涉密公文应当在符合保密要求的场所印制。

（四）核发。公文印制完毕，应当对公文的文字、格式和印刷质量进行检查后分发。

第二十六条　涉密公文应当通过机要交通、邮政机要通信、城市机要文件交换站或者收发件机关机要收发人员进行传递，通过密码电报或者符合国家保密规定的计算机信息系统进行传输。

第二十七条　需要归档的公文及有关材料，应当根据有关档案法律法规以及机关档案管理规定，及时收集齐全、整理归档。两个以上机关联合办理的公文，原件由主办机关归档，相关机关保存复制件。机关负责人兼任其他机关职务的，在履行所兼职务过程中形成的公文，由其兼职机关归档。

第七章　公文管理

第二十八条　各级党政机关应当建立健全本机关公文管理制度，确保管理严格规范，充分发挥公文效用。

第二十九条　党政机关公文由文秘部门或者专人统一管理。设立党委（党组）的县级以上单位应当建立机要保密室和机要阅文室，并按照有关保密规定配备工作人员和必要的安全保密设施设备。

第三十条　公文确定密级前，应当按照拟定的密级先行采取保密措施。确定密级后，应当按照所定密级严格管理。绝密级公文应当由专人管理。

公文的密级需要变更或者解除的，由原确定密级的机关或者其上级机关决定。

第三十一条　公文的印发传达范围应当按照发文机关的要求执行；需要变更的，应当经发文机关批准。

涉密公文公开发布前应当履行解密程序。公开发布的时间、形式和渠道，由发文机关确定。

经批准公开发布的公文，同发文机关正式印发的公文具有同等效力。

第三十二条　复制、汇编机密级、秘密级公文，应当符合有关规定并经本机关负责人批准。绝密级公文一般不得复制、汇编，确有工作需要的，应当经发文机关或者其上级机关批准。复制、汇编的公文视同原件管理。

复制件应当加盖复制机关戳记。翻印件应当注明翻印的机关名称、日期。汇编本的密级按照编入公文的最高密级标注。

第三十三条 公文的撤销和废止，由发文机关、上级机关或者权力机关根据职权范围和有关法律法规决定。公文被撤销的，视为自始无效；公文被废止的，视为自废止之日起失效。

第三十四条 涉密公文应当按照发文机关的要求和有关规定进行清退或者销毁。

第三十五条 不具备归档和保存价值的公文，经批准后可以销毁。销毁涉密公文必须严格按照有关规定履行审批登记手续，确保不丢失、不漏销。个人不得私自销毁、留存涉密公文。

第三十六条 机关合并时，全部公文应当随之合并管理；机关撤销时，需要归档的公文经整理后按照有关规定移交档案管理部门。

工作人员离岗离职时，所在机关应当督促其将暂存、借用的公文按照有关规定移交、清退。

第三十七条 新设立的机关应当向本级党委、政府的办公厅（室）提出发文立户申请。经审查符合条件的，列为发文单位，机关合并或者撤销时，相应进行调整。

第八章　附　则

第三十八条 党政机关公文含电子公文。电子公文处理工作的具体办法另行制定。

第三十九条 法规、规章方面的公文，依照有关规定处理。外事方面的公文，依照外事主管部门的有关规定处理。

第四十条 其他机关和单位的公文处理工作，可以参照本条例执行。

第四十一条 本条例由中共中央办公厅、国务院办公厅负责解释。

第四十二条 本条例自 2012 年 7 月 1 日起施行。1996 年 5 月 3 日中共中央办公厅发布的《中国共产党机关公文处理条例》和 2000 年 8 月 24 日国务院发布的《国家行政机关公文处理办法》停止执行。

附录2

机关文件材料归档范围和文书档案保管期限规定

（2006年12月18日 国家档案局令第8号发布）

第一条 为便于各级党政机关和人民团体（以下统称机关）正确界定文件材料归档范围，准确划分档案保管期限，使所保存的档案既能反映机关主要职能活动情况，维护其历史面貌，又便于保管和利用，根据《中华人民共和国档案法》、《中华人民共和国档案法实施办法》，制定本规定。

第二条 本规定中的机关文件材料是指机关在其工作活动过程中形成的各种门类和载体的历史记录。

第三条 机关文件材料归档范围是：

（一）反映本机关主要职能活动和基本历史面貌的，对本机关工作、国家建设和历史研究具有利用价值的文件材料；

（二）机关工作活动中形成的在维护国家、集体和公民权益等方面具有凭证价值的文件材料；

（三）本机关需要贯彻执行的上级机关、同级机关的文件材料；下级机关报送的重要文件材料；

（四）其他对本机关工作具有查考价值的文件材料。

第四条 机关文件材料不归档范围是：

（一）上级机关的文件材料中，普发性不需本机关办理的文件材料，任免、奖惩非本机关工作人员的文件材料，供工作参考的抄件等；

（二）本机关文件材料中的重份文件，无查考利用价值的事务性、临时性文件，一般性文件的历次修改稿、各次校对稿，无特殊保存价值的信封，不需办理的一般性人民来信、电话记录，机关内部互相抄送的文件材料，本机关负责人兼任外单位职务形成的与本机关无关的文件材料，有关工作参考的文件材料；

（三）同级机关的文件材料中，不需贯彻执行的文件材料，不需办理的抄送文件材料；

（四）下级机关的文件材料中，供参阅的简报、情况反映，抄报或越级抄报的文件材料。

第五条 凡属机关归档范围的文件材料，必须按有关规定向本机关负责档案工作的部门移交，实行集中统一管理，任何个人不得据为己有或拒绝归档。

第六条 机关文书档案的保管期限定为永久、定期两种。定期一般分为30年、10年。

第七条 永久保管的文书档案主要包括：

（一）本机关制定的法规政策性文件材料；

（二）本机关召开重要会议、举办重大活动等形成的主要文件材料；

（三）本机关职能活动中形成的重要业务文件材料；

（四）本机关关于重要问题的请示与上级机关的批复、批示，重要的报告、总结、综合统计报表等；

（五）本机关机构演变、人事任免等文件材料；

（六）本机关房屋买卖、土地征用，重要的合同协议、资产登记等凭证性文件材料；

（七）上级机关制发的属于本机关主管业务的重要文件材料；

（八）同级机关、下级机关关于重要业务问题的来函、请示与本机关的复函、批复等文件材料。

第八条 定期保管的文书档案主要包括：

（一）本机关职能活动中形成的一般性业务文件材料；

（二）本机关召开会议、举办活动等形成的一般性文件材料；

（三）本机关人事管理工作形成的一般性文件材料；

（四）本机关一般性事务管理文件材料；

（五）本机关关于一般性问题的请示与上级机关的批复、批示，一般性工作报告、总结、统计报表等；

（六）上级机关制发的属于本机关主管业务的一般性文件材料；

（七）上级机关和同级机关制发的非本机关主管业务但要贯彻执行的文件材料；

（八）同级机关、下级机关关于一般性业务问题的来函、请示与本机关的复函、批复等文件材料；

（九）下级机关报送的年度或年度以上计划、总结、统计、重要专题报告等文件材料。

第九条 机关形成的人事、基建、会计及其他专门文件材料的归档范围和档案保管期限，按国家有关规定执行。

第十条 机关对应归档电子文件的元数据、背景信息等要进行相应归档。

机关应归档纸质文件材料中，有文件发文稿纸、文件处理单的，应与文件正本、定稿一并归档。

第十一条 机关联合召开会议、联合行文所形成的文件材料原件由主办机关归档，其他机关将相应的复制件或其他形式的副本归档。

第十二条 各机关应根据本规定，结合本机关职能和各部门工作实际，编制本机关的文件材料归档范围和文书档案保管期限表，经同级档案行政管理部门审查同意后执行。

有垂直领导关系的中央、国家机关应依据本规定，结合本系统工作实际，编制本系统的文件材料归档范围和文书档案保管期限表，并经国家档案局审查同意后执行。

第十三条 在编制本机关或本系统文件材料归档范围和文书档案保管期限表时，应全面分析和鉴别本机关或本系统文件材料的现实作用和历史作用，准确界定文件材料的归档范围和划分档案保管期限。

第十四条 本规定适用于各级党政机关和人民团体。军队系统、民主党派、企业事业单位可参照执行。

第十五条 本规定自颁布之日起施行，1987 年颁发的《国家档案局关于机关档案保管期限的规定》和《机关文件材料归档和不归档的范围》同时废止。

附件：《文书档案保管期限表》

附件：

文书档案保管期限表

1　本级党的代表大会、人民代表大会、政治协商会议，工会、共青团、妇联代表大会的文件材料

1.1　请示、批复、通知、名单、议程、报告、领导人讲话、选举结果、讨论通过的文件、决议、纪要、公报、主席团会议记录等文件材料　永久

1.2　大会发言，人大代表建议和意见、人大议案及答复，政协委员提案及办理结果，简报，快报　永久

1.3　重要的贺信、贺电，筹备工作、选举过程中形成的文件，小组会议记录、会议服务机构的计划、总结等文件材料　30 年

1.4　讨论未通过的文件　10 年

2　本级党委、人民代表大会、政治协商会议、纪律检查委员会、共青团、工会、妇联的常委会、执委会、主席团、全体委员会会议，政府常务会、办公会议的文件材料

2.1　公报、决议、决定、记录、纪要、议程、领导人讲话、讨论通过的文件、参加人员名册　永久

2.2　讨论未通过的文件　10 年

3　本机关党组（或实行党委制的党委）会议和行政办公会的纪要、会议记录　永久

4　本机关召开工作会议、专题会议的文件材料

4.1　请示、批复、通知、名单、日程、报告、讲话、总结、决议、决定、纪要　永久

4.2　典型材料、代表发言材料、交流材料、简报　30 年

5　机关联合召开会议的文件材料

5.1　本机关为主办的

5.1.1　请示、批复、通知、名单、日程、报告、讲话、总结、决议、决定、纪要　永久

5.1.2　典型材料、代表发言材料、交流材料、简报　30 年

5.2　本机关为协办的

5.2.1　请示、批复、通知、名单、日程、报告、讲话、总结、决议、决定、纪要的复制件或副本　30 年

5.2.2　典型材料、代表发言材料、交流材料、简报的复制件或副本　10年

6　本机关承办国际性会议、大型展览会、博览会的文件材料

6.1　请示、批复、申办和筹办组委会主要活动安排、议程、名单、主报告（原文及译文）、辅助报告（原文及译文），上级领导人贺辞、题词、讲话，会徽设计　永久

6.2　代表发言材料、交流材料、简报、新闻报道　30年

6.3　委员会、分会会议和学术会的讨论记录，会议代表登记表、接待安排　10年

7　上级机关、上级领导检查、视察本地区、本机关工作时形成的文件材料

7.1　重要的　永久

7.2　一般的　30年

7.3　本地区、本机关工作汇报材料　30年

8　本机关业务文件材料

8.1　本机关制定的方针政策性、法规性、普发性业务文件，中长期规划、纲要等文件材料　永久

8.2　本机关的请示与上级机关的批复、批示

8.2.1　重要业务问题的　永久

8.2.2　一般业务问题的　30年

8.3　同级机关、下级机关的来函、请示与本机关的复函、批复等文件材料

8.3.1　重要业务问题的　永久

8.3.2　一般业务问题的　30年

8.4　本机关代上级机关起草并被采用的重要法规性文件、专项业务文件的最后草稿　30年

8.5　机关联合行文的文件材料

8.5.1　本机关为主办的

8.5.1.1　重要业务问题的　永久

8.5.1.2　一般业务问题的　30年

8.5.2　本机关为协办的

8.5.2.1　重要业务问题的　30年

8.5.2.2　一般业务问题的　10年

8.6 本机关编辑、编写的文件材料

8.6.1 大事记、组织沿革等 永久

8.6.2 简报、情况反映、工作信息等 10年

8.7 行政管理、执法活动中形成的文件材料

8.7.1 行政管理工作制度、程序、规定等文件材料 永久

8.7.2 执法检查情况汇总、通报，整改通知等 永久

8.7.3 行政管理工作中形成的审批、审查、核准等文件材料

8.7.3.1 固定资产投资、科技计划等项目的审批（核准）、管理、验收（评估）等文件材料 永久

8.7.3.2 不动产、自然资源的所有权、使用权确认的文件材料 永久

8.7.3.3 20年（含）以上有效或未注明有效期的许可证、执照、资质证、资格证等的审批、管理文件材料 永久

8.7.3.4 20年以下有效的许可证、执照、资质证、资格证等的审批、管理文件材料 30年

8.7.4 行政管理工作中形成的备案文件材料 10年

8.7.5 行政处罚、处分、复议、国家赔偿等工作中形成的文件材料

8.7.5.1 重要的 永久

8.7.5.2 一般的 30年

8.8 计划、总结、统计、调研等方面的文件材料

8.8.1 年度和年度以上的计划、总结、统计材料 永久

8.8.2 年度以下的计划、总结、统计材料 10年

8.8.3 重要职能活动的总结、重要专题的调研材料 永久

8.8.4 一般活动的总结、一般问题的调研材料 10年

8.9 出国或出境访问考察、参加国际会议，接待来访等外事活动形成的文件材料

8.9.1 发表的公报，签订的协议、协定、备忘录，重要的会谈记录、纪要等 永久

8.9.2 出国审批手续、执行日程、考察报告、一般性会谈记录 30年

9 本机关机构编制、干部人事、党、团、纪检、工会、保卫、信访工作文件材料

9.1 机构设置、机构撤并、名称更改、组织简则、人员编制、印信启用和作废等文件材料 永久

9.2 人事工作制度、规定、办法等文件 30年

9.3 人事任免文件 永久

9.4 先进单位、劳动模范、先进工作者的文件材料

9.4.1 受县级（含）以上表彰、奖励的 永久

9.4.2 受县级以下表彰、奖励的 30 年

9.5 对本机关有关人员的处分材料

9.5.1 受到警告（不含）以上处分的 永久

9.5.2 受到警告处分的 30 年

9.6 职工录用、转正、聘任、调资、定级、停薪留职、辞职、离退休、死亡、抚恤等文件材料 永久

9.7 人事考核、职称评审工作文件材料 永久

9.8 职工调动工作的行政、工资、党团组织关系的介绍信及存根 永久

9.9 职工名册 永久

9.10 党、团、工会工作活动中形成的文件材料

9.10.1 工作报告、总结，换届选举结果 永久

9.10.2 重要专项活动的报告、总结等 永久

9.10.3 党团员、工会会员名册，批准加入党团、工会组织的文件材料 永久

9.10.4 情况反映、工作简报 10 年

9.11 纪检、监察工作中形成的综合性报告、调查材料

9.11.1 重要的 永久

9.11.2 一般的 30 年

9.12 保卫部门的安全检查、调查记录 10 年

9.13 本机关处理人民来信来访的文件材料

9.13.1 有领导重要批示和处理结果的 永久

9.13.2 其他有处理结果的 30 年

10 本机关事务管理文件材料

10.1 房产、土地所有权和使用权的文件材料 永久

10.2 与有关单位签订的合同、协定、协议、议定书等文件材料

10.2.1 重要的 永久

10.2.2 一般的 10 年

10.3 接待工作的计划、方案

10.3.1 重要的 30 年

10.3.2　一般的　10 年

10.4　机关财务预算　30 年

10.5　机关物资（办公设备及用品、机动车等）采购计划、审批手续、招标投标、购置等文件材料，机动车调拨、保险、事故、转让等文件材料　30 年

10.6　国有资产管理（登记、统计、核查清算、交接等）文件材料

10.6.1　重要的　永久

10.6.2　一般的　10 年

10.7　职工承租、购置本单位住房的合同、协议和有关手续　永久

10.8　职工住房分配、出售的规定、方案、细则，职工住房情况统计、调查表、职工住房申请　30 年

11　上级机关制发的文件材料

11.1　上级机关制发的属于本机关主管业务的文件材料

11.1.1　重要的　永久

11.1.2　一般的　10 年

11.2　上级机关制发的非本机关主管业务但要贯彻执行的文件材料　10 年

11.3　上级机关制发的关于本机关机构设置、领导人任免、人员编制等文件材料　永久

12　同级机关制发的非本机关主管业务但要贯彻执行的文件材料　10 年

13　下级机关报送的文件材料

13.1　重大问题的专题报告　30 年

13.2　年度和年度以上的计划、总结、统计材料　10 年

附录 3

中华人民共和国行业标准

DA/T 13－94

档 号 编 制 规 则

1　主题内容与适用范围

本标准规定了档号的结构、编制原则和编制方法。

本标准适用于档案馆（室）编制档号。

2　术语

2.1　档号

档案馆（室）在整理和管理档案的过程中，以字符形式赋予档案的一组代码。档号是存取档案的标记，并具有统计监督作用。

2.2　全宗号

档案馆（室）给定每个全宗的代码。

2.3　案卷目录号

全宗内案卷所属目录的代码。

2.4　类别号

馆（室）藏档案类别的代码。

2.5　项目号

产品、工程、课题、设备等档案的代字和代号。

2.6　案卷号

案卷排列的顺序号。

2.7　件号

案卷内文件的顺序号。

2.8 页（张）号

案卷内文件每页（张）的顺序号。

2.9　代码

一个或一组有序的、易于计算机和人识别与处理的数字、字母、汉字及其它符号。

3　档号编制原则

3.1　唯一性原则

档案馆（室）内档号应指代单一。不同编号对象应赋予不同代码，一个代码只表示一个编号对象。

3.2　合理性原则

档号结构必须与馆藏档案的整理分类体系相适应。

3.3　稳定性原则

档号一经确定，一般不应随意改变。

3.4　扩充性原则

档号必须留有适当的递增容量，以便适应不断扩充档案的需要。

3.5　简单性原则

档号力求简短明了，以便减少代码差错，节省存贮空间，提高处理效率。

4　档号的结构

档号结构分为三种：

4.1　第一种结构为：全宗号——案卷目录号——案卷号——件、页（张）号。

即：

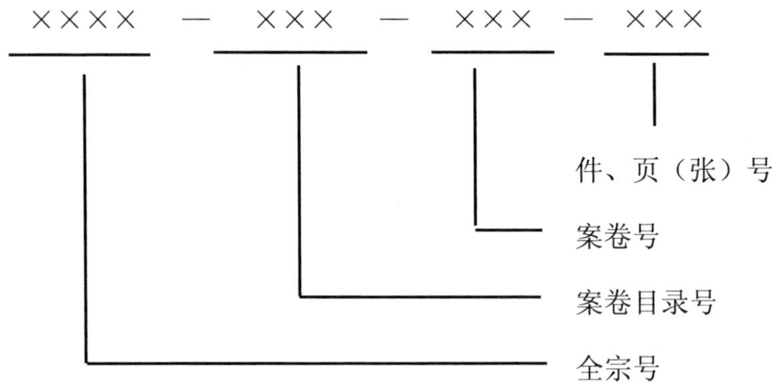

4.2　第二种结构为：全宗号——类别号——案卷号——件、页（张）号。

即：

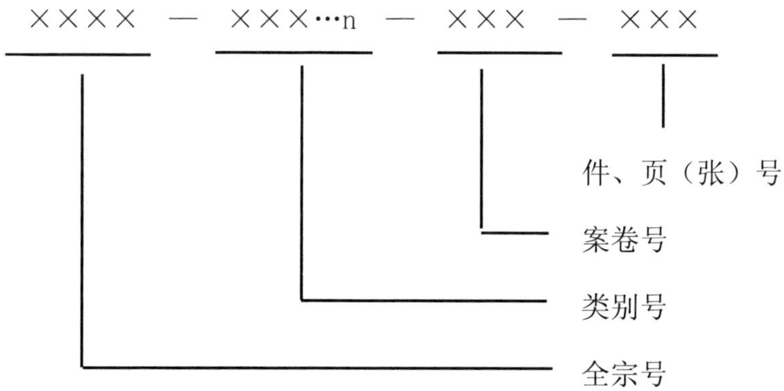

4.3　第三种结构为：类别号——项目号——案卷号——件、页（张）号。

即：

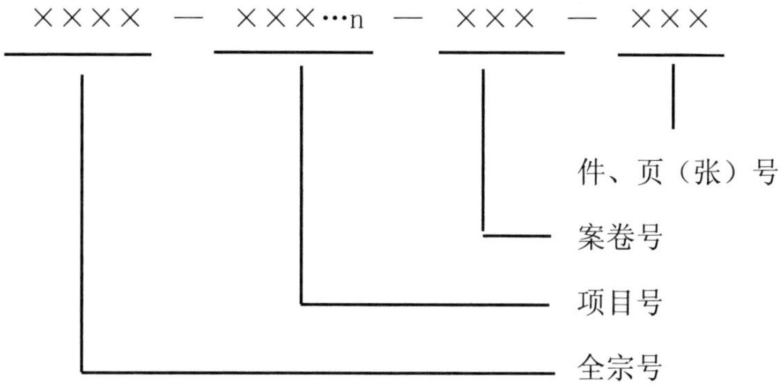

4.4　档号中左边为上位代码，右边下位代码，连写时上、下位代码之间用“ - ”（短横）相隔。

4.5　件号、页（张）号可根据档案保管和使用的需要，选择一项编号。

5　档号的编制方法

5.1　全宗号的编制方法

全宗号用四位代码标识。其中第一位用汉语拼音字母标识全宗属性，后三位用阿拉伯数字标识某一属类全宗的顺序号。

全宗号的格式是：

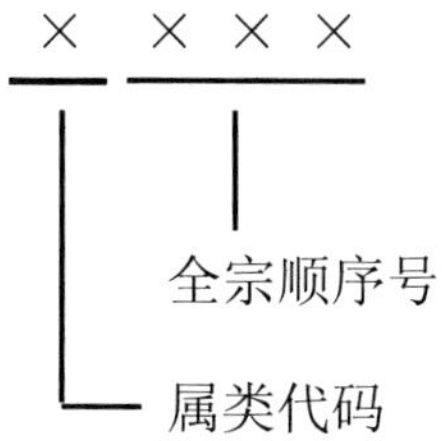

5.1.1　全宗属类代码的编制方法

5.1.1.1　在一个档案馆内，全宗属类代码不应重复。

5.1.1.2　全宗属性单一的档案馆可以“0”作属类代码。

例一：某省档案馆藏新民主主义革命历史档案第 13 号全宗，标识为“X013”。

例二：某市档案馆藏旧政权档案第 4 号全宗，标识为“J004”。

例三：某县档案馆藏建国后档案第 127 号全宗，标识为“0127”。

例四：河北省档案馆藏原热河省第 123 号全宗，可标识为“R123”。

例五：四川省档案馆藏已撤销的川东行署 003 号全宗，可标识为“D003”。

例六：中国第一历史档案馆藏明清档案第 74 号全宗，标识为“0074”。

5.1.2　全宗顺序号的编制方法

5.1.2.1　全宗属类内的各个全宗按排列次序流水编号。

5.1.2.2　在一个属类内不应有重复的全宗顺序号。

5.2　案卷目录号的编制方法

案卷目录号以三位阿拉伯数字标识。

5.2.1　案卷目录号应根据全宗内档案整理状况设置。可按不同时间，不同组织结构，不同保管期限，不同专题或不同载体形态设置案卷目录号。

5.2.2　每一案卷目录所含案卷数量一般以三位数为宜。即，案卷目录内案卷数量不足 100 时，一般不另立案卷目录，亦不另编案卷目录号；案卷数量超过 1000 时，一般应另立案卷目录，并另编案卷目录号。

5.2.3　在一个全宗内不应有重复的案卷目录号。

5.3　类别号的编制方法

5.3.1　类别号由汉字、汉语拼音字母或阿拉伯数字组成的代码标识。

5.3.2　不同级位的类别之间可用间隔符“·”分开。不产生误解时，可省略间隔符。类别号一般不应超过三级。

5.3.3　在一个档案馆（室）内或一个全宗内，不应有重复的类别号，

5.4　项目号的编制方法

项目号引用有关管理部门编制的项目代号。

5.5　案卷号的编制方法

5.5.1　案卷号用三位阿拉伯数字标识。

5.5.2　目录内的案卷按排列次序流水编号，不应有空号。

5.5.3　每一案卷目录内的全部案卷只应编一个流水顺序号。如一个目录出现两个以上（含两个）案卷流水顺序号时应重新编案卷号或分设案卷目录；

如一个案卷流水顺序号分登两个以上（含两个）案卷目录时应合并为一个目录号或按目录分编相应数目的案卷流水号。

5.6 件号的编制方法

5.6.1 不装订的案卷，卷内文件必须单件装订编号。

5.6.2 件号用阿拉伯数字标识。

5.6.3 卷内文件按排列次序流水编号，不应有空号。

5.6.4 件号前必须同时列写案卷号及其以前各号。

5.7 页（张）号的编制方法

5.7.1 页（张）号用阿拉伯数字标识。

5.7.2 卷内文件各页（张）按排列次序流水编号。不应有空号。

附录 4

ICS 01.140.20
A 14
备案号：51251－2015

DA

中华人民共和国档案行业标准

DA/T 22—2015
代替DA/T 22—2000

归档文件整理规则

The arrangement rule of archival documents

2015－10－25 发布　　2016－06－01 实施

国家档案局　发布

前　言

本标准代替 DA/T 22－2000《归档文件整理规则》。

本标准与 DA/T 22－2000 相比主要变化如下：

——标准的总体编排和结构按 GB/T 1.1－2009 进行了修改；

——将标准适用范围由纸质文件材料扩展为纸质和电子文件材料；

——调整归档文件分类方法；

——增加归档文件组件和纸质归档文件修整、装订、编页、排架要求；

——增加归档文件档号结构和编制要求；

——将室编件号、馆编件号统一为件号；

——在附录中增加归档章示例、直角装订方法。

本标准的附录 A 是规范性附录，附录 B、附录 C、附录 D、附录 E 是资料性附录。

本标准由国家档案局提出并归口。

本标准起草单位：国家档案局档案馆（室）业务指导司。

本标准主要起草人：许卿卿　丁德胜　张会琴　张红　吴惠敏　刘峰　王勤　宋涌

本标准于 2000 年 12 月 6 日首次发布。

归档文件整理规则

1 范围

本标准规定了应作为文书档案保存的归档文件的整理原则和方法。

本标准适用于各级机关、团体、企事业单位和其他社会组织对应作为文书档案保存的归档文件的整理。其他门类档案可以参照执行。企业单位有其他特殊规定的，从其规定。

2 规范性引用文件

下列文件对于本文件的应用是必不可少的。凡是注日期的引用文件，仅所注日期的版本适用于本文件。凡是不注日期的引用文件，其最新版本（包括所有的修改单）适用于本文件。

GB/T 18894 电子文件归档与管理规范

DA/T 1－2000 档案工作基本术语

DA/T 13－1994 档号编制规则

DA/T 25－2000 档案修裱技术规范

DA/T 38－2008 电子文件归档光盘技术要求和应用规范

3 术语和定义

下列术语和定义适用于本标准。

3.1

归档文件 archival document（s）

立档单位在其职能活动中形成的、办理完毕、应作为文书档案保存的文件材料，包括纸质和电子文件材料。

3.2

整理 arrangement

将归档文件以件为单位进行组件、分类、排列、编号、编目等（纸质归档文件还包括修整、装订、编页、装盒、排架；电子文件还包括格式转换、元数据收集、归档数据包组织、存储等)，使之有序化的过程。

3.3

件 item

归档文件的整理单位。

3.4

档号 archival code

在归档文件整理过程中赋予其的一组字符代码，以体现归档文件的类别和排列顺序。

4　整理原则

4.1　归档文件整理应遵循文件的形成规律，保持文件之间的有机联系。

4.2　归档文件整理应区分不同价值，便于保管和利用。

4.3　归档文件整理应符合文档一体化管理要求，便于计算机管理或计算机辅助管理。

4.4　归档文件整理应保证纸质文件和电子文件整理协调统一。

5　一般要求

5.1　组件（件的组织）

5.1.1　件的构成

归档文件一般以每份文件为一件。正文、附件为一件；文件正本与定稿(包括法律法规等重要文件的历次修改稿）为一件；转发文与被转发文为一件；原件与复制件为一件；正本与翻译本为一件；中文本与外文本为一件；报表、名册、图册等一册（本）为一件（作为文件附件时除外)；简报、周报等材料一期为一件；会议纪要、会议记录一般一次会议为一件，会议记录一年一本的，一本为一件；来文与复文（请示与批复、报告与批示、函与复函等）一般独立成件，也可为一件。有文件处理单或发文稿纸的，文件处理单或发文稿纸与相关文件为一件。

5.1.2　件内文件排序

归档文件排序时，正文在前，附件在后；正本在前，定稿在后；转发文在前，被转发文在后；原件在前，复制件在后；不同文字的文本，无特殊规定的，汉文文本在前，少数民族文字文本在后；中文本在前，外文本在后；来文与复文作为一件时，复文在前，来文在后。有文件处理单或发文稿纸的，文件处理单在前，收文在后；正本在前，发文稿纸和定稿在后。

5.2 分类

5.2.1 立档单位应对归档文件进行科学分类，同一全宗应保持分类方案的一致性和稳定性。

5.2.2 归档文件一般采用年度—机构（问题）—保管期限、年度—保管期限—机构（问题）等方法进行三级分类。

a）按年度分类

将文件按其形成年度分类。跨年度一般应以文件签发日期为准。对于计划、总结、预算、统计报表、表彰先进以及法规性文件等内容涉及不同年度的文件，统一按文件签发日期判定所属年度。跨年度形成的会议文件归入闭幕年。跨年度办理的文件归入办结年。当形成年度无法考证时，年度为其归档年度，并在附注项加以说明。

b）按机构（问题）分类

将文件按其形成或承办机构（问题）分类。机构分类法与问题分类法应选择其一适用，不能同时采用。采用机构分类的，应根据文件形成或承办机构对归档文件进行分类，涉及多部门形成的归档文件，归入文件主办部门。采用问题分类的，应按照文件内容所反映的问题对归档文件进行分类。

c）按保管期限分类

将文件按划定的保管期限分类。

5.2.3 规模较小或公文办理程序不适于按机构（问题）分类的立档单位，可以采取年度—保管期限等方法进行两级分类。

5.3 排列

5.3.1 归档文件应在分类方案的最低一级类目内，按时间结合事由排列。

5.3.2 同一事由中的文件，按文件形成先后顺序排列。

5.3.3 会议文件、统计报表等成套性文件可集中排列。

5.4 编号

5.4.1 归档文件应依分类方案和排列顺序编写档号。档号编制应遵循唯一性、合理性、稳定性、扩充性、简单性原则。

5.4.2 档号的结构宜为：全宗号－档案门类代码·年度－保管期限－机构（问题）代码－件号。

上、下位代码之间用“－”连接，同一级代码之间用“·”隔开。如“Z109－WS·2011－Y－BGS－0001”。

5.4.3　档号按照以下要求编制：

a）全宗号：档案馆给立档单位编制的代号，用4位数字或者字母与数字的结合标识，按照DA/T 13－1994编制。

b）档案门类代码·年度：归档文件档案门类代码由“文书”2位汉语拼音首字母“WS”标识。年度为文件形成年度，以4位阿拉伯数字标注公元纪年，如“2013”。

c）保管期限：保管期限分为永久、定期30年、定期10年，分别以代码“Y”、“D30”、“D10”标识。

d）机构（问题）代码：机构（问题）代码采用3位汉语拼音字母或阿拉伯数字标识，如办公室代码“BGS”等。归档文件未按照机构（问题）分类的，应省略机构（问题）代码。

e）件号：件号是单件归档文件在分类方案最低一级类目内的排列顺序号，用4位阿拉伯数字标识，不足4位的，前面用“0”补足，如“0026”。

5.4.4　归档文件应在首页上端的空白位置加盖归档章并填写相关内容。电子文件可以由系统生成归档章样式或以条形码等其他形式在归档文件上进行标识。

5.4.5　归档章应将档号的组成部分，即全宗号、年度、保管期限、件号，以及页数作为必备项，机构（问题）可以作为选择项（见附录A图A1）。归档章中全宗号、年度、保管期限、件号、机构（问题）按照5.4.3编制，页数用阿拉伯数字标识（见附录A图A2）。为便于识记，归档章保管期限也可以使用“永久”“30年”“10年”简称标识，机构（问题）也可以用“办公室”等规范化简称标识（见附录A图A3）。

5.5　编目

5.5.1　归档文件应依据档号顺序编制归档文件目录。编目应准确、详细，便于检索。

5.5.2　归档文件应逐件编目。来文与复文作为一件时，对复文的编目应体现来文内容。归档文件目录设置序号、档号、文号、责任者、题名、日期、密级、页数、备注等项目。

a）序号：填写归档文件顺序号。

b）档号：档号按照5.4.2－5.4.3编制。

c）文号：文件的发文字号。没有文号的，不用标识。

d）责任者：制发文件的组织或个人，即文件的发文机关或署名者。

e）题名：文件标题。没有标题、标题不规范，或者标题不能反映文件主要内容、不方便检索的，应全部或部分自拟标题，自拟内容外加方括号“［］”。

f）日期：文件的形成时间，以国际标准日期表示法标注年月日，如19990909。

g）密级：文件密级按文件实际标注情况填写。没有密级的，不用标识。

h）页数：每一件归档文件的页面总数。文件中有图文的页面为一页。

i）备注：注释文件需说明的情况。

5.5.3 归档文件目录推荐由系统生成或使用电子表格进行编制。目录表格采用A4幅面，页面宜横向设置（见附录B图B1）。

5.5.4 归档文件目录除保存电子版本外，还应打印装订成册。装订成册的归档文件目录，应编制封面（见附录B图B2）。封面设置全宗号、全宗名称、年度、保管期限、机构（问题），其中全宗名称即立档单位名称，填写时应使用全称或规范化简称。归档文件目录可以按年装订成册，也可每年区分保管期限装订成册。

6 纸质归档文件的修整、装订、编页、装盒和排架

6.1 修整

6.1.1 归档文件装订前，应对不符合要求的文件材料进行修整。

6.1.2 归档文件已破损的，应按照DA/T 25－2000予以修复；字迹模糊或易退变的，应予复制。

6.1.3 归档文件应按照保管期限要求去除易锈蚀、易氧化的金属或塑料装订用品。

6.1.4 对于幅面过大的文件，应在不影响其日后使用效果的前提下进行折叠。

6.2 装订

6.2.1 归档文件一般以件为单位装订。归档文件装订应牢固、安全、简便，做到文件不损页、不倒页、不压字，装订后文件平整，有利于归档文件的保护和管理。装订应尽量减少对归档文件本身影响，原装订方式符合要求的，应维持不变。

6.2.2 应根据归档文件保管期限确定装订方式，装订材料与保管期限要求相匹配。为便于管理，相同期限的归档文件装订方式应尽量保持一致，不同

期限的装订方式应相对统一。

6.2.3　用于装订的材料，不能包含或产生可能损害归档文件的物质。不使用回形针、大头针、燕尾夹、热熔胶、办公胶水、装订夹条、塑料封等装订材料进行装订。

6.2.4　永久保管的归档文件，宜采取线装法装订。页数较少的，使用直角装订（见附录 C 图 C1、图 C2）或缝纫机轧边装订，文件较厚的，使用“三孔一线”装订。永久保管的归档文件，使用不锈钢订书钉或浆糊装订的，装订材料应满足归档文件长期保存的需要。

6.2.5　永久保管的归档文件，不使用不锈钢夹或封套装订。

6.2.6　定期保管的、需要向综合档案馆移交的归档文件，装订方式按照 6.2.4 – 6.2.5 执行。定期保管的、不需要向综合档案馆移交的归档文件，装订方式可以按照 6.2.4 执行，也可以使用不锈钢夹或封套装订。

6.3　编页

6.3.1　纸质归档文件一般应以件为单位编制页码。

6.3.2　页码应逐页编制，宜分别标注在文件正面右上角或背面左上角的空白位置。

6.3.3　文件材料已印制成册并编有页码的；拟编制页码与文件原有页码相同的，可以保持原有页码不变。

6.4　装盒

将归档文件按顺序装入档案盒，并填写档案盒盒脊及备考表项目。不同年度、机构（问题）、保管期限的归档文件不能装入同一个档案盒。

6.4.1　档案盒

6.4.1.1　档案盒封面应标明全宗名称。档案盒的外形尺寸为 310mm × 220mm（长 × 宽），盒脊厚度可以根据需要设置为 20mm、30mm、40mm、50mm 等（见附录 D 图 D1）。

6.4.1.2　档案盒应根据摆放方式的不同，在盒脊或底边设置全宗号、年度、保管期限、起止件号、盒号等必备项，并可设置机构（问题）等选择项（见附录 D 图 D2、图 D3）。其中，起止件号填写盒内第一件文件和最后一件文件的件号，起件号填写在上格，止件号填写在下格；盒号即档案盒的排列顺序号，按进馆要求在档案盒盒脊或底边编制。

6.4.1.3　档案盒应采用无酸纸制作。

6.4.2　备考表

备考表置于盒内文件之后，项目包括盒内文件情况说明、整理人、整理日期、检查人、检查日期（见附录 E）。

a）盒内文件情况说明：填写盒内文件缺损、修改、补充、移出、销毁等情况。

b）整理人：负责整理归档文件的人员签名或签章。

c）整理日期：归档文件整理完成日期。

d）检查人：负责检查归档文件整理质量的人员签名或签章。

e）检查日期：归档文件检查完毕的日期。

6.5 排架

6.5.1 归档文件整理完毕装盒后，上架排列方法应与本单位归档文件分类方案一致，排架方法应避免频繁倒架。

6.5.2 归档文件按年度—机构（问题）—保管期限分类的，库房排架时，每年形成的档案按机构（问题）序列依次上架，便于实体管理。

6.5.3 归档文件按年度—保管期限—机构（问题）分类的，库房排架时，每年形成的档案按保管期限依次上架，便于档案移交进馆。

7 归档电子文件的整理要求

7.1 归档电子文件组件（件的组织）、分类、排列、编号、编目，应符合本《规则》“5 一般要求”的规定。

7.2 归档电子文件的格式转换、元数据收集、归档数据包组织、存储等整理要求，参照《数字档案室建设指南》（2014 年）、GB/T 18894、DA/T 48、DA/T 38 等标准执行。

7.3 归档电子文件整理，应使用符合《数字档案室建设指南》（2014 年）、GB/T 18894 等标准的应用系统。

附　录　A
归档章式样及示例
（规范性附录）

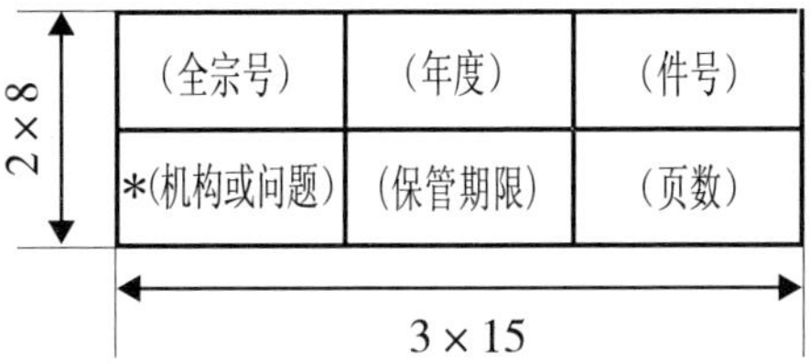

单位：mm　比例：1∶1

注：标有“*”号的为选择项，下同。

图 A1　归档章式样

Z109	2011	1
BGS	Y	45

图 A2　归档章示例一

Z109	2011	1
办公室	永久	45

图 A3　归档章示例二

附　录　B
归档文件目录式样
（资料性附录）

归档文件目录

序号	档号	文号	责任者	题名	日期	密级	页数	备注

图 B1　归档文件目录式样

归档文件目录

全　宗　号 ____________

全宗名称 ____________

年　　　度 ____________

保管期限 ____________

*机构（问题）________

比例：1∶2

图 B2　归档文件目录封面式样

附 录 C

（资料性附录）

直角装订

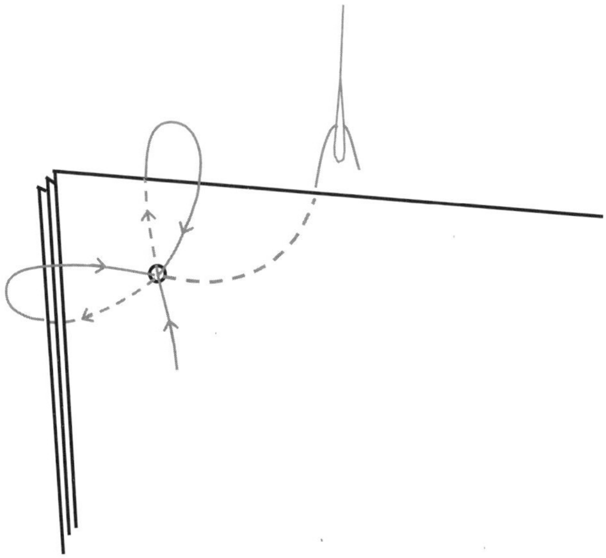

图 C1 装订方法

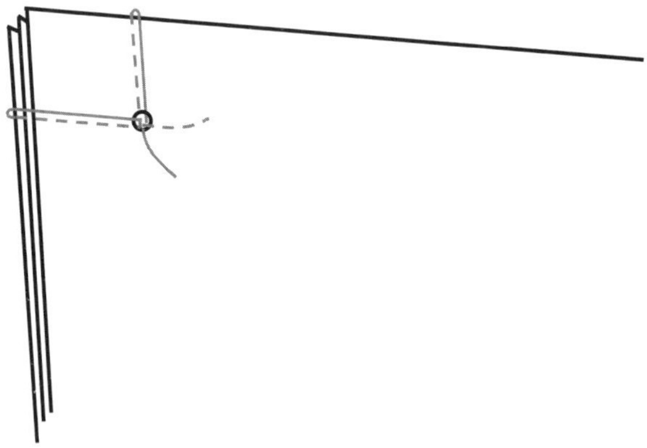

图 C2 装订效果

附　录　D

档案盒式样

（资料性附录）

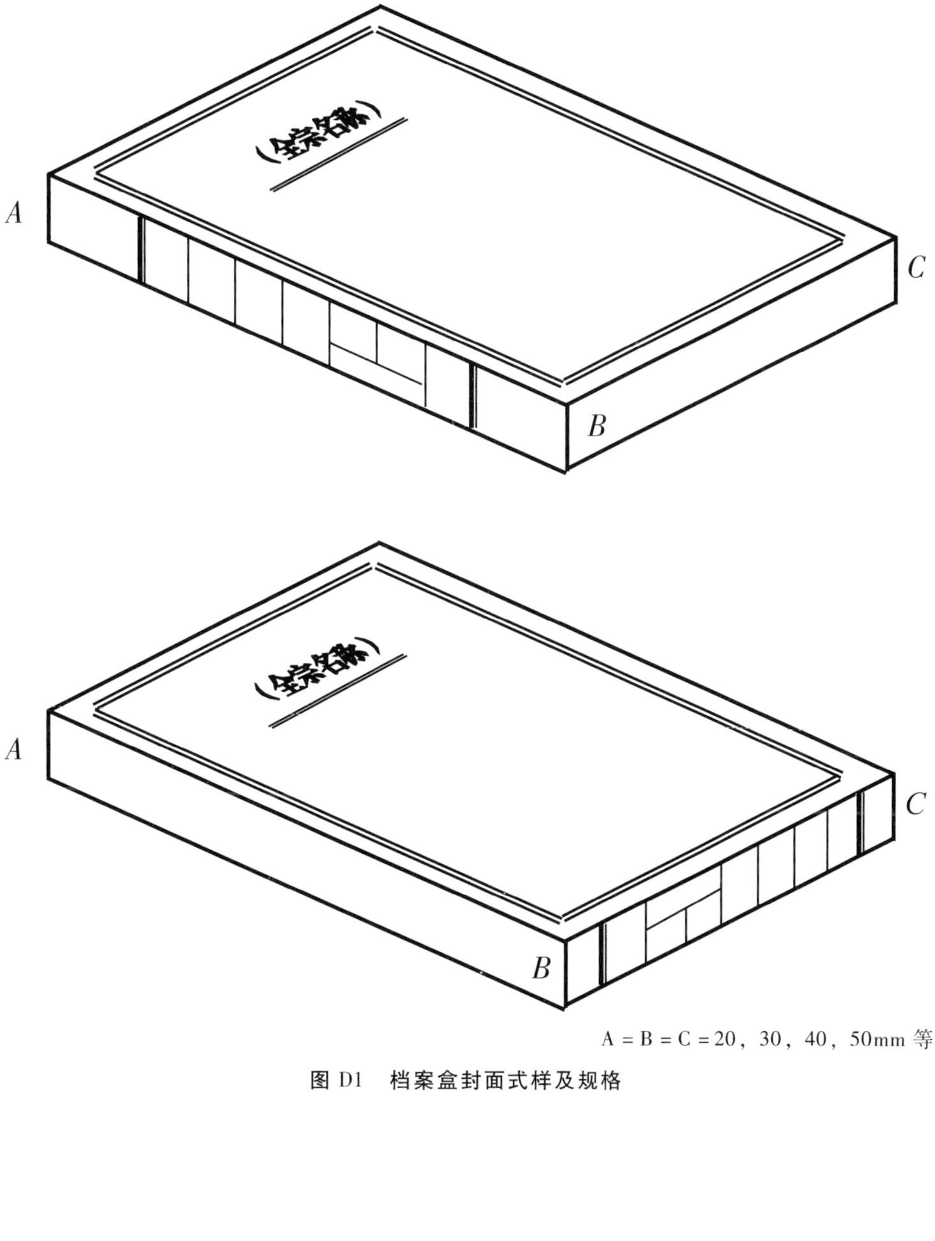

A = B = C = 20，30，40，50mm 等

图 D1　档案盒封面式样及规格

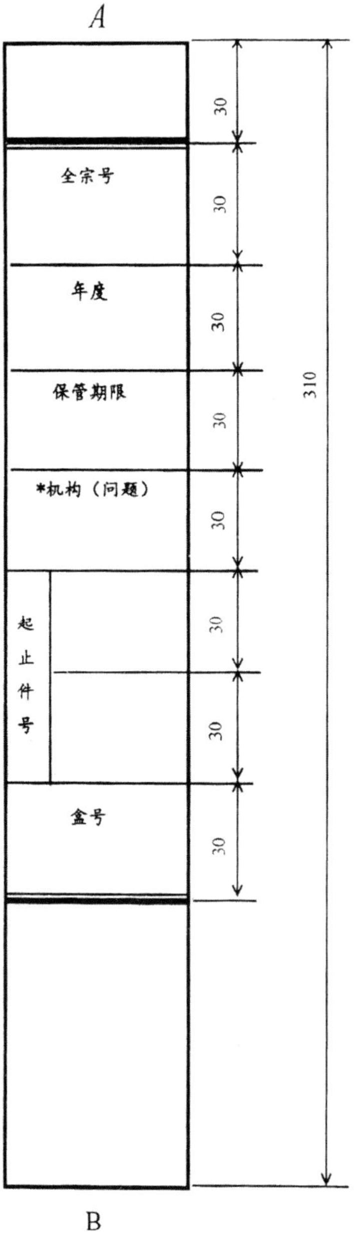

单位：mm 比例：1:2

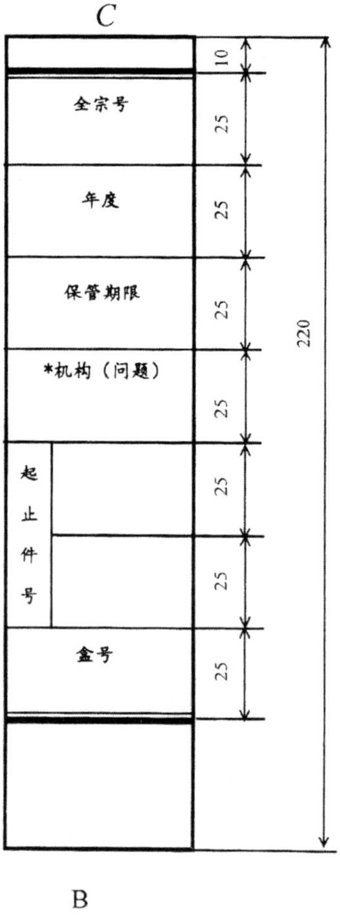

单位：mm 比例：1:2

图 D2 档案盒盒脊式样 图 D3 档案盒底边式样

附　录　E
备考表式样
（资料性附录）

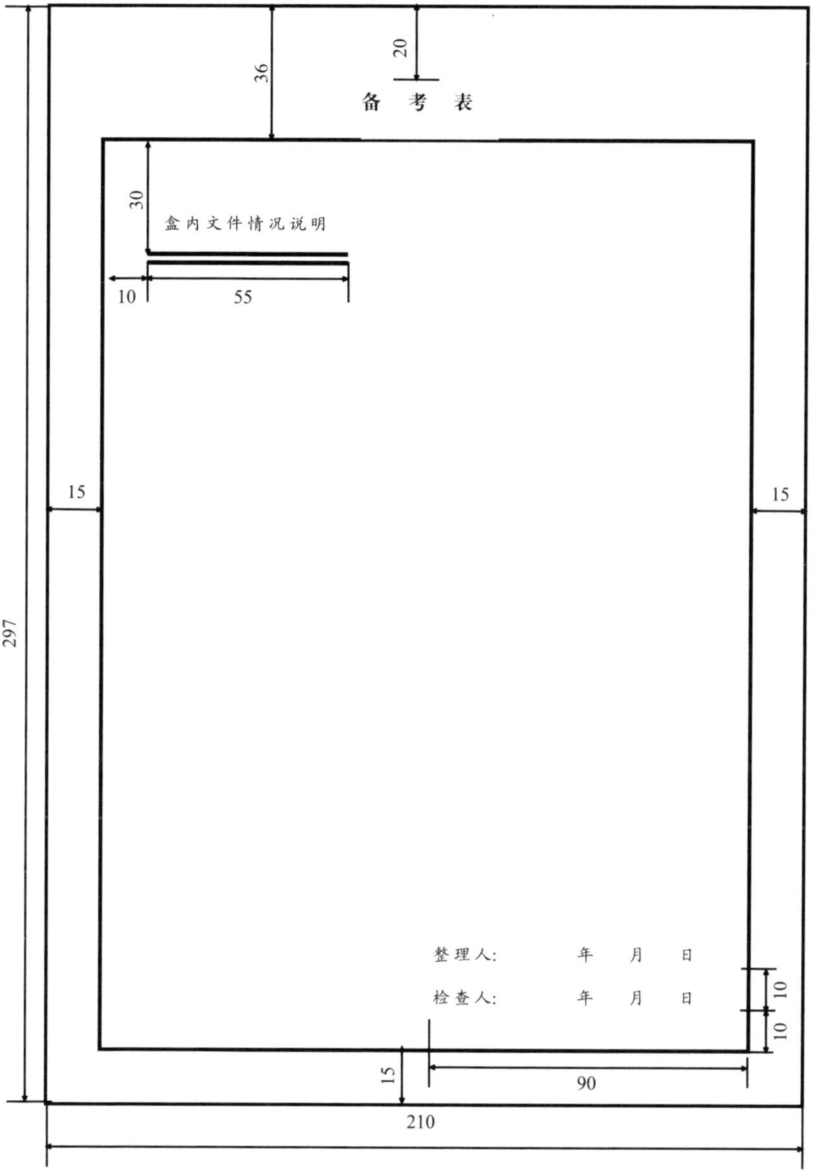

单位：mm　比例：1:2

图 E1　备考表式样

参考文献

[1] 数字档案室建设指南（2014 年）